1 Ernährung bei Magenkrebs

Diese Empfehlungen bitte immer mit Ernährungsberater/in, Arzt oder Diätologen/in absprechen! Die Rezepte und Zutatenlisten unterstützen die medizinischen Therapien.

Die Kalorienangaben frischer Zutaten (Obst und Gemüse) und die Inhaltsstoffe schwanken je nach Qualität und Erntezeit. Die Inhalte wurden von einer Diätologin und einer Ernährungsberaterin für die Traditionelle Chinesische Medizin (TCM) geprüft.

Autor:

© 2022 Josef Miligui

Liebe Leserinnen und Leser, ich wünsche Ihnen viel Erfolg und gutes Gelingen bei der Umstellung Ihrer Ernährung. Dieses Buch wurde aus eigener Erfahrung mit Krankheit und Ernährung geschrieben und ich habe schon immer das Zubereiten guter Speisen geschätzt. Wenn Sie nicht so geübt sind im Kochen, empfiehlt sich ein Kurs bei Ernährungsberatern oder Diätologen, die Ihnen die Grundlagen der Kochmethoden sowie die richtige Verarbeitung der Zutaten vermitteln können. Anhand der Lebensmittellisten aus diesem Buch können Sie weitere Rezepte entwickeln und entdecken.

Quelle:

Die Listen werden aus der EBNS-Datenbank für die Ernährungsberatung generiert. Die Datenbank wird von Ernährungsberater, Therapeuten und Ärzte für die Beratung der Patienten/Klienten verwendet und ermöglicht eine Kombination mehrerer Syndrome.

Literaturliste:

Wir haben die Unterlagen als Wissensbasis genutzt und an unsere Erfahrungen angepasst und ergänzt.
www.ebns.at

Herstellung und Verlag:

BoD – Books on Demand, Norderstedt
ISBN: 9783739246178

Krebs-Therapieunterstützung bei Magenkrebs
(Buch: 105)

1	Ernährung bei Magenkrebs	1
1.1	Vorwort	5
1.2	Beschreibung	9
1.3	Therapiestrategie	9
1.4	Vermeiden	10
2	Speiseplan	10
2.1	Frühstück	10
2.2	Jause	11
2.3	Mittag	11
2.4	Nachmittag	13
2.5	Abend	13
3	Rezepte	15
3.1	Adzukibohnen-Reis-Suppe	15
3.2	Andalusischer Fischtopf	15
3.3	Apfel-Bananen-Creme	16
3.4	Aprikosen-Hafer-Kugeln mit Acaipulver	17
3.5	Aufgeschlagene Banane	18
3.6	Avocado mit Zitrone	18
3.7	Bananen-Sojamilch	19
3.8	Basmatireis + Zucchini-Tofupfanne	19
3.9	Belugalinseneintopf mit Gemüse	20
3.10	Bircher Müsli	21
3.11	Birnensaft	21
3.12	Bittergurke mit Tomaten-Gemüse	22
3.13	Blattsalat mit Frischkäse	23
3.14	Blitzschnelle Zucchinisuppe	23
3.15	Bohnenpasta pikant süß	24
3.16	Buntes Reisgericht	25
3.17	Champignonreis	26
3.18	Couscous mit Datteln, Kokos und Mandelmus	26
3.19	Couscous-Salat	27
3.20	Cranberrisaft	28
3.21	Dinkel mit Obst und Nüssen	29
3.22	Erdbeer-Bananen-Mark	29
3.23	Erdbeersuppe mit Melonen	30
3.24	Exotisches Linsengericht	31
3.25	Fein gewürzte Zucchini mit Tomaten	32
3.26	Feiner russischer Borschtsch	33
3.27	Fenchel-Reissuppe	34

3.28	Fischsuppe mit Rosmarin	34
3.29	Frischkäseersatz	35
3.30	Frühlingssalat	36
3.31	Frühstück - Reis mit Früchten	37
3.32	Gegrillter Tofu mit Reisnudeln	37
3.33	Gelbe Linsensuppe	38
3.34	Gemüseeintopf mit provenzalischer Pistou	39
3.35	Gemüse-Grieß-Suppe	40
3.36	Gemüsereis	41
3.37	Gemüsesaft	42
3.38	Gemüsetopf mit Tofu und Curry auf Naturreis	43
3.39	Geriebener Apfel	44
3.40	Geröstete Hirse mit Stangensellerie	44
3.41	Gersten-Gemüse-Suppe	45
3.42	Getreide-Obst-Brei	46
3.43	Grundrezept für eine Fischbrühe	46
3.44	Grundrezept für eine Hühnerbrühe	47
3.45	Grundrezept für eine nahrhafte Gemüsebrühe	48
3.46	Grundrezept für eine Reissuppe	49
3.47	Haferflocken mit aromatischen Gewürzen	49
3.48	Hirse mit Shiitakepilzen und Avocado	50
3.49	Hühnersuppe mit Angelikawurzel und Bocksdornfrüchten	51
3.50	Hühnersuppe mit Grünkern	52
3.51	Japanische Algensuppe	52
3.52	Karotten- Reisschleimsuppe	53
3.53	Karotten-Kartoffel-Rucola Brötchen	53
3.54	Karotten-Risotto	54
3.55	Kohlrabi in Kerbelsoße mit Kartoffeln	55
3.56	Kompott aus Äpfeln	56
3.57	Kürbiscurry	56
3.58	Kuzuwasser	57
3.59	Lammgeschnetzeltes mit Rosmarinkartoffeln	58
3.60	Linsen-Reis-Eintopf	59
3.61	Marinierte Zucchini mit Räuchertofu	59
3.62	Müsli mit Acaipulver	60
3.63	Nudeln mit Putenfleisch und Ananas	61
3.64	Paprika-Tomatenreis	62
3.65	Petersilien-Cremesoße	63
3.66	Polentaschnitte mit Ratatouille	63
3.67	Provenzalische Nudelpfanne	64
3.68	Putenbrust mit Gemüse (asiatisch)	65
3.69	Quinoa pikant + Avocado	66
3.70	Reis mit gedämpftem Gemüse	67

3.71	Reis mit Pastinake	68
3.72	Reis-Congee mit Honigbirne	68
3.73	Reis-Congee mit Trockenfrüchten	69
3.74	Reis-Dulse-Suppe	70
3.75	Reisnudelsuppe mit Shiitakepilzen	70
3.76	Rinderkraftbrühe	71
3.77	Rote Linsen mit Avocado und Rettich	72
3.78	Russische Kasha mit Weißkohl	73
3.79	Schwarze Bohnen mit Avocado	73
3.80	Tee aus Grüntee	74
3.81	Tofu-Schwarzbohnen-Chili mit Reis	75
3.82	Vegetarischer Gemüse-Getreide-Kartoffelbrei	76
3.83	Vitamindrink	77
3.84	Wärmender Haferflockenbrei	77
4	Wirkung der Lebensmittel	78
4.1	Zutaten verwenden: empfehlenswert	78
4.2	Zutaten verwenden: ja	79
4.3	Zutaten verwenden: wenig	84
4.4	Kontraindikativ wirkende Lebensmittel nicht verwenden	85
5	Komplementär	86
5.1	Fertiggetränk	86
5.1.1	Aronia (Apfelbeeren)	86
5.2	Heil-Tee (Aufguss)	86
5.2.1	Cannabis	86
5.2.2	Gänsefingerkrautwurzel	87
5.2.3	Kümmel	87
5.2.4	Rooibos	87
5.2.5	Wermut	88
5.3	Komplementäre Anwendung	88
5.3.1	Akupunktur	88
5.3.2	Apitherapie	89
5.3.3	Ayur Veda	89
5.3.4	Enzympräparate	90
5.3.5	Hyperthermie	90
5.3.6	Lichttherapie	91
5.3.7	Misteltherapie	92
5.3.8	Selbsthilfegruppen	92
5.3.9	Shiatsu Massage	93
5.4	Speisezugabe	93
5.4.1	Beifuß	93
5.4.2	Stevia (Süßkraut)	93
5.5	Verschiedene Möglichkeiten	94
5.5.1	Curcuma Wurzel	94

5.5.2 Schöllkraut 94
5.5.3 Tintenpilz, Schopftintling, Spargelpilz 94
6 Grundlagen der Ernährung 95
6.1 Ernährung 95
6.2 Rezepte 97
6.3 Lebensmittel 98
6.4 Kräuter 99
7 Weitere Ernährungsvorschläge 100

1.1 Vorwort

Krebs bezeichnet in der Medizin die unkontrollierte Vermehrung und das wuchernde Wachstum von Zellen, d. h. eine bösartige Gewebeneubildung (maligne Neoplasie) bzw. einen malignen (bösartigen) Tumor (Krebsgeschwulst, Malignom). Bösartig bedeutet, dass neben der Zellwucherung auch Absiedelung (Metastasierung) und Invasion in gesundes Gewebe stattfindet. Im engeren Sinn sind die malignen epithelialen Tumoren (Karzinome), dann auch die malignen mesenchymalen Tumoren (Sarkome) gemeint. Im weiteren Sinne werden auch die bösartigen Hämoblastosen als Krebs bezeichnet, wie beispielsweise Leukämie als „Blutkrebs".

So lautet die Definition von Krebs laut Wikipedia (Stand 29.11.2021). Die Ernährung, kommt allerdings höchstens mal im Nebensatz vor. Ja, der Artikel geht so weit ins holistische, dass auch Umweltgifte und der Lebensstil genannt werden, das rechne ich ihm hoch an. Insgesamt spiegelt der Artikel meiner Erfahrung nach ganz gut das Wissen der meisten Ärzt:innen wieder: Krebs ist mehr oder weniger isoliertes Problem am jeweiligen Organ, der sich durch unkontrollierte Vermehrung allerdings ausdehnen und streuen kann. Krebs passiert eher zufällig, wobei ein paar Faktoren schon auch irgendwie eine Rolle zu haben scheinen. Aber reden wir lieber über die konkrete Behandlung.

Und das führt uns zu folgendem Problem: Patient:innen fallen in eine sehr passive Rolle des Krebsträgers, der Krebsträgerin. Sie legen all ihr Vertrauen in die Schulmedizin und die behandelnden Ärzt:innen. Doch was sie selbst aktiv als Krebsprävention oder zur Krebstherapie beitragen können, das wird ihnen leider in vielen Fällen nicht gesagt, weil die eigene Lebensgestaltung - so die allgemeine Meinung - ja sowieso nur eine Nebenrolle spielt.

Und das, obwohl sogar die Weltgesundheitsorganisation (WHO) davon spricht, dass bis zu 80 % der Krebserkrankungen durch äußere Faktoren wie Ernährung, Lebensstil, Umweltgifte und dergleichen beeinflusst werden.

Welche Faktoren also jeder einzelne von uns aktiv beeinflussen kann und somit seine Chancen auf Krebsfreiheit bzw. allgemein Gesundheit erhöhen kann, darum geht es auf den folgenden Seiten.

Nach Dr. Veronique Desaulniers ist Krebs (und jede andere Krankheit auch) lediglich ein Symptom. Sie sagt "Krebs kann ich einem gesunden Körper nicht bestehen". Sie teilt die vielen Einflussfaktoren auf 7 Gruppen auf, die sich auch mit den Studien und Erfahrungen anderer namhafter Experten wie Johannes Coy, David Servan-Schreiber uvm. decken.

Der Fokus in diesem Buch liegt auf dem Faktor mit der größten Hebelwirkung - der Ernährung.

Schon Hippokrates hat einst gesagt "Lass die Nahrung deine Medizin sein und Medizin deine Nahrung!"
Kräuterpädagog:innen heute sagen so: "Es gibt für jede Krankheit das richtige Kraut."

Egal wie wir es drehen und wenden, wir sind was wir essen (und was unser Essen gegessen hat). Der moderne Mensch sieht sich gerne isoliert von seiner Umwelt. Als mächtig und erhaben. Wir entstehen aus unserer Umwelt, wir leben inmitten von ihr und wenn wir sterben gehen wir wieder in unsere Umwelt über. Während wir leben essen wir das, was in unserer Umwelt wächst (oder in Fabriken chemisch erzeugt wird). Diese Nahrung liefert die Energie und Bausteine, für den eigenen Körper, für den Stoffwechsel, Zellerneuerung, den Hormonhaushalt und damit für unser gesamtes Sein, die Gesundheit und unser Empfinden.

Wenn jetzt also Expert:innen immer noch der Meinung sind, dass Ernährung bei Krebs eine untergeordnete Rolle spiele, dann stellt sich die Frage, woraus diesen Expert:innen zufolge wir bestehen.

Allerdings - so ehrlich muss dann auch sein - gibt es auch unter den Expert:innen, die der Ernährung den hohen Stellenwert beimessen, die sie verdient, verschiedene Meinungen über die optimale Anti-Krebs-Ernährung. Fragen Sie 10 Leute, bekommen Sie 10 Meinungen.

Deshalb hier ein paar Grundbausteine, bevor in dem Buch noch näher auf Ernährungsfaktoren eingegangen wird, die sozusagen der kleinste gemeinsame Nenner der meisten Ernährungsphilosophien sind:

- Saisonalität
    - Winterpflanzen, wie zum Beispiel verschiedene Kohlgewächse, versorgen uns mit Unmengen von Vitamin C und Bitterstoffen. Zwei Faktoren, die unser Immunsystem bei der Abwehr von der Kälte und den typischen Infekten in der Winterzeit unterstützen.
    - Sommerpflanzen wie zum Beispiel Gurken, Tomaten aber auch Zitrusfrüchte kühlen unseren aufgeheizten Körper und versorgen uns mit viel Wasser.
    - Außerdem müssen bei saisonalen Pflanzen weniger chemische Helferlein eingesetzt werden, da die passenden Umweltfaktoren das Wachstum sowieso fördern.
- Regionalität
    - Damit einher geht auch der Faktor der Regionalität. Regionale pflanzliche Lebensmittel werden reif geerntet und haben somit alle Nährstoffe entwickeln können. Im Gegensatz dazu wird Obst und Gemüse aus ferneren Ländern unreif geerntet und nur durch den Einsatz von chemischen Mitteln unnatürlich "nachgereift" - bzw. nur nach-gefärbt. Die Dichte der Nährstoffe und auch der Geschmack kann dabei niemals mit regionalen Lebensmitteln mithalten. (Sie haben es vielleicht schon selber erlebt, dass eine Südfrucht aus dem jeweiligen Ursprungsland dort im Urlaub viel süßer und vollmundiger schmeckt als die gleiche Frucht aus dem zentraleuropäischen Supermarkt).
- Pflanzenbasierte Ernährung
    - Ja, diese Basis teilen selbst die Anhänger der Fleischdiät mit den Veganern. Denn bei der Fleischdiät geht es auch um Fleisch von Tieren, die sich artgerecht, sprich von vielen Gräsern und Kräutern ernährt haben. Die Masse an Getreide in der heutigen Ernährung - egal ob bei Mensch oder Tier - entspricht nicht der natürlichen Ernährungsweise. Sie macht uns krank, dick und manche behaupten sogar dumm (das weist auf die Schädigung der neuronalen Netzwerke hin, die durch den Konsum von Kohlenhydraten

passiert hin). Pflanzen im Sinne von Gemüse, Kräutern, Salaten, Sprossen, in geringen Mengen Obst, Nüsse, Samen, etc. liefern neben den viel beschriebenen Vitaminen und Mineralstoffen vor allem sekundäre Pflanzenstoffe, die herausragende Heilwirkung haben. So werden eine Vielzahl unserer Medikamente auf Basis der natürlich vorkommenden Pflanzenstoffe nachgebaut. Allerdings sind da diverse Säuren und andere Wirkstoffe extrahiert und wirken nur alleine - mit den Pflanzen selbst nehmen wir sie in einer reichhaltigen und sich gegenseitig verstärkenden Kombination vielerlei wirksamer Stoffe zu uns.

Ja zusätzlich zu diesen 3 großen Punkten gibt es immer noch sehr viel zu beachten. Ein optimales Verhältnis von Omega 3 zu Omega 6 Fettsäuren (empfohlen wird 1:3), eine individuell und situationsbedingte Eiweißversorgung und so weiter.

Eine ganz gute und einfache Richtlinie für die alltägliche Ernährung bietet der ideale Teller. Der sieht so aus, dass möglichst jede Mahlzeit zur Hälfte aus pflanzlichen Bestandteilen besteht, ein Viertel der Eiweißversorgung dient und ein Viertel die Mahlzeit durch gute Fette und eventuell Kohlenhydrate abrundet.

Die Feinjustierung rund um die Zubereitungsarten, die Zusammenstellungen und so weiter sehe ich als sehr individuell an. Es gibt meines Erachtens nicht die 1 perfekte Ernährung bei Krebs. Es gibt so viele großartige Philosophien und Studien, die alle wunderbare Heilungen berichten und sich dabei aber gegenseitig ausschließen. Was auf den ersten Blick vielleicht paradox wirkt, eröffnet bei näherer Betrachtung ganz viele Möglichkeiten des Probierens und neuer Chancen.

Neben der Ernährung werden noch folgende Faktoren genannt:
- die Giftstoffbelastung in unserer Umwelt sowie in Pflegeprodukten oder eben in der Ernährung
- eine Balance aus Aktivität, (kurzzeitigem) Stress und der Entspannung wie auch Schlaf
- Aufarbeitung der emotionalen Wunden aus der Vergangenheit und Steigerung der Resilienz
- Biologische Zahnheilkunde
- eine optimierte Versorgung durch Heilkräuter, Heilpilze udgl.
- Früherkennung durch bewährte und schonende Verfahren

1.2 Beschreibung

Hauptrisikofaktoren für die Entstehung eines Magenkarzinoms sind eine Nitrosamin reiche Ernährung (Landwirtschaft - Düngung und Nahrungsmittelindustrie - Konservierungsmittel), sowie eine chronische Infektion mit Helicobacter pylori.

Die wichtigste Behandlungsmaßnahme ist die möglichst vollständige operative Entfernung des Tumors. Daraus ergibt sich je nach Lokalisation eine teilweise oder vollständige Magenentfernung, evtl. unter Mitnahme von Teilen der Speiseröhre oder des Zwölffingerdarmes. So führt das totale oder teilweise Entfernen des Magens zu einer schnelleren Passage der Nahrung in den Dünndarm. Das Problem kann durch diätetische Maßnahmen wie kleinere, aber häufigere Mahlzeiten, das Vermeiden von Flüssigkeitsaufnahme mit dem Essen oder Liegen nach den Mahlzeiten gebessert werden. Auch die Fettverdauung kann Probleme bereiten, da die Nahrung nicht mehr im Magen gespeichert werden kann
und somit die Zeit sinkt, welche die Bauchspeicheldrüse für die Sekretion von Fett verdauenden Enzymen hat. Als Therapie kann der Fettanteil der Nahrung reduziert werden

Es ist auf eine ausreichende Kalorienzufuhr und eine ausreichende Zufuhr von Vitaminen und Mineralstoffen zu achten. Ebenso entwickeln fast alle Patienten mit einer vollständigen Magenentfernung einen Mangel an Vitamin-B12. Dieser verursacht mit einer Latenz von drei bis fünf Jahren eine Anämie. Infolgedessen ist eine zusätzliche Gabe des Vitamins empfohlen. Auch treten nach der Operation Störungen des Knochenstoffwechsels auf, die Osteoporose sehr stark begünstigen, welche auf verminderte Kalziumaufnahme zurückgeführt werden, da meistens nach der Operation keine Milchprodukte mehr vertragen werden. Auch ist häufig ein Vitamin-D-Mangel vorhanden, beide. können vermehrt zugeführt werden.

1.3 Therapiestrategie

Kleinere, aber häufigere Mahlzeiten. Fettanteil der Nahrung reduzieren. Ausreichende Kalorienzufuhr und ausreichende Zufuhr von Vitamin-B12 und Vitamin-D sowie Kalzium. (ev. Nahrungsergänzung)

1.4 Vermeiden

Vermeiden von Flüssigkeitsaufnahme mit dem Essen, Liegen nach den Mahlzeiten. Bei Unverträglichkeit, Milchprodukte meiden.

2 Speiseplan

Kkal. p. Portion

2.1 Frühstück

Adzukibohnen-Reis-Suppe	199,4
Aufgeschlagene Banane	144,0
Avocado mit Zitrone	289,6
Bananen-Sojamilch	125,8
Bircher Müsli	384,0
Birnensaft	180,0
Bohnenpasta pikant süß	311,0
Buntes Reisgericht	437,3
Champignonreis	410,0
Couscous mit Datteln, Kokos und Mandelmus	483,7
Couscous-Salat	338,2
Cranberrisaft	43,5
Dinkel mit Obst und Nüssen	289,7
Fein gewürzte Zucchini mit Tomaten	203,2
Fenchel-Reissuppe	155,9
Fischsuppe mit Rosmarin	271,3
Frischkäseersatz	526,0
Frühstück - Reis mit Früchten	230,7
Gemüse-Grieß-Suppe	198,9
Gemüsereis	303,8
Gemüsetopf mit Tofu und Curry auf Naturreis	162,0
Geriebener Apfel	120,0
Geröstete Hirse mit Stangensellerie	400,1
Gersten-Gemüse-Suppe	281,3
Getreide-Obst-Brei	175,0
Haferflocken mit aromatischen Gewürzen	280,6
Hirse mit Shiitakepilzen und Avocado	558,3
Karotten- Reisschleimsuppe	101,0
Karotten-Risotto	308,5
Kohlrabi in Kerbelsoße mit Kartoffeln	187,7
Kompott aus Äpfeln	67,3
Kuzuwasser	6,8
Müsli mit Acaipulver	391,0

Quinoa pikant + Avocado 561,0
Reis mit Pastinake 206,5
Reis-Congee mit Honigbirne und schwarzem Sesam 158,9
Reis-Congee mit Trockenfrüchten 210,0
Reis-Dulse-Suppe 190,9
Reisnudelsuppe mit Shiitakepilzen 65,5
Rinderkraftbrühe 124,8
Schwarze Bohnen mit Avocado 263,7
Tee aus Grüntee 3,0
Vitamindrink 172,1
Wärmender Haferflockenbrei 357,5

2.2 Jause

Apfel-Bananen-Creme 110,4
Karotten-Kartoffel-Rucola Brötchen 94,0
Polentaschnitte mit Ratatouille 225,5

2.3 Mittag

Adzukibohnen-Reis-Suppe 199,4
Andalusischer Fischtopf 348,0
Aprikosen-Hafer-Kugeln mit Acaipulver 768,3
Aufgeschlagene Banane 144,0
Avocado mit Zitrone 289,6
Bananen-Sojamilch 125,8
Basmatireis + Zucchini-Tofupfanne 145,9
Belugalinseneintopf mit Gemüse 201,5
Bircher Müsli 384,0
Birnensaft 180,0
Bittergurke mit Tomaten-Gemüse 176,9
Blattsalat mit Frischkäse 802,0
Blitzschnelle Zucchinisuppe 41,9
Bohnenpasta pikant süß 311,0
Buntes Reisgericht 437,3
Champignonreis 410,0
Couscous mit Datteln, Kokos und Mandelmus 483,7
Couscous-Salat 338,2
Cranberrisaft 43,5
Erdbeersuppe mit Melonen 87,0
Exotisches Linsengericht 143,8
Fein gewürzte Zucchini mit Tomaten 203,2
Feiner russischer Borschtsch 171,7
Fenchel-Reissuppe 155,9

Fischsuppe mit Rosmarin	271,3
Frischkäseersatz	526,0
Frühlingssalat	162,0
Gegrillter Tofu mit Reisnudeln, Spinat und Zuckerschoten	327,3
Gelbe Linsensuppe	155,1
Gemüseeintopf mit provenzalischer Pistou	137,9
Gemüse-Grieß-Suppe	198,9
Gemüsereis	303,8
Gemüsetopf mit Tofu und Curry auf Naturreis	162,0
Geriebener Apfel	120,0
Geröstete Hirse mit Stangensellerie	400,1
Gersten-Gemüse-Suppe	281,3
Getreide-Obst-Brei	175,0
Hirse mit Shiitakepilzen und Avocado	558,3
Hühnersuppe mit Angelikawurzel und Bocksdornfrüchten	77,0
Hühnersuppe mit Grünkern, Petersilie und Sake	150,0
Japanische Algensuppe	47,3
Karotten- Reisschleimsuppe	101,0
Karotten-Risotto	308,5
Kohlrabi in Kerbelsoße mit Kartoffeln	187,7
Kompott aus Äpfeln	67,3
Kürbiscurry	193,3
Kuzuwasser	6,8
Lammgeschnetzeltes mit Rosmarinkartoffeln	461,0
Linsen-Reis-Eintopf	232,0
Marinierte Zucchini mit Räuchertofu	132,5
Müsli mit Acaipulver	391,0
Nudeln mit Putenfleisch und Ananas	291,8
Paprika-Tomatenreis	291,3
Petersilien-Cremesoße	118,5
Provenzalische Nudelpfanne	195,5
Putenbrust mit Gemüse (asiatisch)	535,0
Reis mit gedämpftem Gemüse	166,7
Reis mit Pastinake	206,5
Reis-Congee mit Honigbirne und schwarzem Sesam	158,9
Reis-Congee mit Trockenfrüchten	210,0
Reis-Dulse-Suppe	190,9
Reisnudelsuppe mit Shiitakepilzen	65,5
Rinderkraftbrühe	124,8
Rote Linsen mit Avocado und Rettich	268,7
Russische Kasha mit Weißkohl	250,5
Schwarze Bohnen mit Avocado	263,7
Tee aus Grüntee	3,0

Tofu-Schwarzbohnen-Chili mit Reis 343,5
Vegetarischer Gemüse-Getreide-Kartoffelbrei 91,0
Vitamindrink 172,1
Wärmender Haferflockenbrei 357,5

2.4 Nachmittag

Apfel-Bananen-Creme 110,4
Karotten-Kartoffel-Rucola Brötchen 94,0

2.5 Abend

Adzukibohnen-Reis-Suppe 199,4
Avocado mit Zitrone 289,6
Basmatireis + Zucchini-Tofupfanne 145,9
Belugalinseneintopf mit Gemüse 201,5
Bircher Müsli 384,0
Birnensaft 180,0
Bittergurke mit Tomaten-Gemüse 176,9
Blitzschnelle Zucchinisuppe 41,9
Cranberrisaft 43,5
Erdbeersuppe mit Melonen 87,0
Exotisches Linsengericht 143,8
Fein gewürzte Zucchini mit Tomaten 203,2
Feiner russischer Borschtsch 171,7
Fenchel-Reissuppe 155,9
Fischsuppe mit Rosmarin 271,3
Gegrillter Tofu mit Reisnudeln, Spinat und Zuckerschoten 327,3
Gelbe Linsensuppe 155,1
Gemüseeintopf mit provenzalischer Pistou 137,9
Gemüse-Grieß-Suppe 198,9
Gemüsetopf mit Tofu und Curry auf Naturreis 162,0
Geriebener Apfel 120,0
Geröstete Hirse mit Stangensellerie 400,1
Gersten-Gemüse-Suppe 281,3
Hühnersuppe mit Angelikawurzel und Bocksdornfrüchten 77,0
Japanische Algensuppe 47,3
Kohlrabi in Kerbelsoße mit Kartoffeln 187,7
Kompott aus Äpfeln 67,3
Kürbiscurry 193,3
Kuzuwasser 6,8
Linsen-Reis-Eintopf 232,0
Marinierte Zucchini mit Räuchertofu 132,5
Nudeln mit Putenfleisch und Ananas 291,8

Paprika-Tomatenreis 291,3
Petersilien-Cremesoße 118,5
Polentaschnitte mit Ratatouille 225,5
Provenzalische Nudelpfanne 195,5
Putenbrust mit Gemüse (asiatisch) 535,0
Quinoa pikant + Avocado 561,0
Reis mit gedämpftem Gemüse 166,7
Reis mit Pastinake 206,5
Reis-Congee mit Honigbirne und schwarzem Sesam 158,9
Reisnudelsuppe mit Shiitakepilzen 65,5
Rinderkraftbrühe 124,8
Rote Linsen mit Avocado und Rettich 268,7
Russische Kasha mit Weißkohl 250,5
Schwarze Bohnen mit Avocado 263,7
Vegetarischer Gemüse-Getreide-Kartoffelbrei 91,0
Vitamindrink 172,1

3 Rezepte

empfehlenswert = Sie können mehr verwenden
wenig = wenn möglich weniger verwenden
weniger als angegeben = möglichst nicht verwenden

3.1 Adzukibohnen-Reis-Suppe

Stärkt Milz, Herz, Nieren und Magen, harntreibend, fördert Durchblutung, lindert Entzündungen.

Anzahl Portionen: 1
Kalorien p. Portion 199
Gramm p. Portion 268
Kochdauer ca.   2 Sunden
(Kohlehydrat:78,84% / Eiweiß & Fett:21,16%)
100g.≈ Eiweiß 10,03g. Fett:0,92g.
µg. - Ph:24,84 Na:1,7 Ka:12,6 Mg:12,64 Ca:14,1 Fe:0,96 Zn:0,2 Col.:0 Hsr.:39,55

Zutaten:

Adzukibohnen 8 EL / 40g. (ja)
Reis Rundkornreis 2 EL / 20g. (empfehlenswert)
Wasser 2 Tassen / 200g. (ja)
Honig 1 EL / 8g. (ja)

Kochanleitung:

Eingeweichte Adzukibohnen und Rundkornreis im Verhältnis 4:1 so lange bei kleiner Hitze in Wasser kochen, bis ein dünner Brei entstanden ist. Nach Bedarf süßen und eventuell pürieren. Wirkung: Dieses Rezept kräftigt Nieren, Milz und Magen und ist besonders für Mütter mit zu wenig Milchfluss geeignet.

3.2 Andalusischer Fischtopf

Stärkt Immunsystem, beugt Krebs vor, löst Stagnation, fördert Gewichtsabnahme, regt Appetit an. Gut bei Abwehrschwäche, Appetitlosigkeit, Blähungen, Bluthochdruck, Depressionen, Diabetes, Durchfall.

Anzahl Portionen: 4
Kalorien p. Portion 348
Gramm p. Portion 355,05
Kochdauer ca.   30 Min.
Allergene: ADLO
(Kohlehydrat:71,39% / Eiweiß & Fett:28,61%)
100g.≈ Eiweiß 20,04g. Fett:6,52g.
µg. - Ph:15,55 Na:20,18 Ka:34,69 Mg:13,44 Ca:42,9 Fe:0,13 Zn:0,02 Col.:0,79 Hsr.:9,89

Zutaten:
Grundrezept für eine Gemüsebrühe 500 ml. / 500g. (empfehlenswert)
Zwiebel Frühlingszwiebel 2 Stück / 40g. (ja)
Olivenöl 1 EL / 20g. (wenig)
Zitrone Schale 1/2 Stück / 3g. (ja)
Lorbeerblatt 1 Stück / 1g. (ja)
Kartoffel 200 g / 200g. (ja)
Kabeljau 300 g. / 300g. (ja)
Weißwein 4 EL / 80g. (wenig)
Zitrone Saft 1/2 EL / 10g. (ja)
Salz 1 Prise / 1g. (wenig)
Pfeffer gemahlen 1 Prise / 0,2g. ()
Petersilie 1 EL / 15g. (empfehlenswert)
Weißbrot (Weizenbrot) 8 Scheiben / 250g. (wenig)

Kochanleitung:
Gemüsebrühe mit kleingeschnittenen Frühlingszwiebeln, Olivenöl, abgeriebener Zitronenschale und Lorbeerblatt zum Kochen bringen und zugedeckt 10 Min. kochen. Geschälte, kleingewürfelte Kartoffeln zufügen und in ca. 8 Min. fast weich kochen. Fischstücke und Weißwein zugeben und den Herd auf kleine Stufe schalten. In der leicht kochenden Brühe den Fisch in wenigen Minuten gar ziehen lassen. Mit Zitronensaft, Salz und Pfeffer abschmecken und mit Petersilie bestreut servieren. Als Beilage Weißbrot dazu reichen.

3.3 Apfel-Bananen-Creme

Reguliert Magen-Darm-Funktion, liefert Vitamin C, cholesterinsenkend, entzündungshemmend, harntreibend, fördert Durchblutung.
Anzahl Portionen: 4
Kalorien p. Portion 110
Gramm p. Portion 206,25
Kochdauer ca. 15 Min.
(Kohlehydrat:94,44% / Eiweiß & Fett:5,56%)
100g.≈ Eiweiß 0,84g. Fett:0,51g.
µg. - Ph:3,01 Na:0,49 Ka:38,02 Mg:2,73 Ca:2,25 Fe:0,1 Zn:0,01 Col.:0 Hsr.:3,19

Zutaten:
Apfel (sauer) 400 g. / 400g. (empfehlenswert)
Wasser 200 ml. / 200g. (ja)
Orange Schale 1/4 Stück / 5g. (ja)
Zitrone Schale 1/2 Stück / 2g. (ja)
Zucker braun 2 TL / 6g. (wenig)
Zimtstange 1 Stück / 0g. (ja)
Banane 1 Stück / 150g. (empfehlenswert)

Acerola Fruchtnektar oder Pulver 1 TL / 2g. (empfehlenswert)
Orangensaft 1/2 Stück / 50g. (empfehlenswert)
Zitrone Saft 1 EL / 10g. (ja)

Kochanleitung:
Apfel in feine Spalten schneiden, mit Wasser, Orangen- und Zitronenschale, Zucker und Zimt zum Kochen bringen und ca. 7 Min. köcheln lassen. Die Äpfel sollen fast weich sein. Acerola zufügen und Zimtstange entfernen. Mit dem Mixstab Apfel, Banane, Orangen- und Zitronensaft fein pürieren.

3.4 Aprikosen-Hafer-Kugeln mit Acaipulver

Stärkt Abwehrkraft, leicht abführend, antioxidativ.
Anzahl Portionen: 2
Kalorien p. Portion   768
Gramm p. Portion   191
Kochdauer ca.   20 Min.
Allergene: AHO
(Kohlehydrat:60,93% / Eiweiß & Fett:39,07%)
100g.≈ Eiweiß 20,58g. Fett:33,69g.
µg. - Ph:143,33 Na:3,91 Ka:439,01 Mg:61,58 Ca:58,13 Fe:1,94 Zn:0,58 Col.:0 Hsr.:49,16

Zutaten:
Hafer Flocken (Vollkorn) 125 g. / 125g. (empfehlenswert)
Aprikose getrocknet 125 g. / 125g. (empfehlenswert)
Mandeln 100 g. / 100g. (wenig)
Honig 2 EL / 14g. (ja)
Acaipulver 3 TL / 9g. (empfehlenswert)
Zitrone Saft 3 EL / 9g. (ja)

Kochanleitung:
Die gehobelten Mandeln in der Pfanne leicht rösten und abkühlen lassen. Anschließend die Aprikosen im Mixer pürieren und Zitronensaft zufügen. Alle Zutaten miteinander verkneten. Ist die Masse zu locker, geben Sie noch etwas Honig hinzu. Schließlich zu kleinen Kugeln formen und in Haferflocken wälzen.

3.5 Aufgeschlagene Banane

2 x tgl. essen, reguliert Magen-Darm-Funktion, wirkt stopfend.

Anzahl Portionen: 1
Kalorien p. Portion 144
Gramm p. Portion 150
Kochdauer ca. 7 Min.
(Kohlehydrat:94,54% / Eiweiß & Fett:5,46%)
100g.≈ Eiweiß 1,65g. Fett:0,3g.
µg. - Ph:28 Na:1 Ka:393 Mg:36 Ca:9 Fe:0,6 Zn:0,2 Col.:0 Hsr.:25

Zutaten:
Banane 1 Stück / 150g. (empfehlenswert)

Kochanleitung:
Banane mit der Gabel zerdrücken oder mit einem Mixstab pürieren. Mindestens 5 Min. braun werden lassen.

3.6 Avocado mit Zitrone

Gut bei Schlafstörungen, Entzündungen, Schwellungen, Schmerzen und Juckreiz, beruhigend.

Anzahl Portionen: 1
Kalorien p. Portion 290
Gramm p. Portion 131
Kochdauer ca. 5 Min.
(Kohlehydrat:16,54% / Eiweiß & Fett:83,46%)
100g.≈ Eiweiß 2,34g. Fett:28,24g.
µg. - Ph:37,02 Na:5,87 Ka:469,27 Mg:29,31 Ca:11,83 Fe:0,59 Zn:0,38 Col.:0 Hsr.:29,01

Zutaten:
Avocado 1/2 Stück / 120g. (empfehlenswert)
Zitrone Saft 1/2 Stück / 10g. (ja)
Salz 1 Prise / 1g. (wenig)

Kochanleitung:
Avocado halbieren, Kern entfernen, Zitronensaft hineingießen, salzen und auslöffeln.

3.7 Bananen-Sojamilch

Gut bei Appetitlosigkeit, Mundschleimhautentzündung. Stärkt Körperenergie, fördert Verdauung, lindert Schmerzen, entgiftet, bakterizid.

Anzahl Portionen: 2
Kalorien p. Portion 126
Gramm p. Portion 263
Kochdauer ca. 5 Min.
Allergene: E
(Kohlehydrat:59,53% / Eiweiß & Fett:40,47%)
100g.≈ Eiweiß 7,49g. Fett:4,14g.
µg. - Ph:21,94 Na:251,11 Ka:110,08 Mg:13,31 Ca:9,78 Fe:0,4 Zn:0,11 Col.:0 Hsr.:33,68

Zutaten:
Banane 1 Stück / 120g. (empfehlenswert)
Sojabohnenmilch 400 ml. / 400g. (ja)
Honig 1 TL / 3g. (ja)
Zimtpulver 1 Prise / 1g. (ja)
Acerola Fruchtnektar oder Pulver 1 TL / 2g. (empfehlenswert)

Kochanleitung:
Banane in Stücke schneiden, mit Sojamilch, Acerola, Honig und Zimt mit dem Mixstab pürieren.

3.8 Basmatireis + Zucchini-Tofupfanne

Harntreibend, harmonisiert Milz und Magen, lindert Blähungen. Gut bei Übergewicht und Bluthochdruck. Antioxidativ, fördert Verdauung, entgiftet, stärkt Säfteproduktion, reduziert Blutfett, stärkt Magen.

Anzahl Portionen: 4
Kalorien p. Portion 146
Gramm p. Portion 306,75
Kochdauer ca. 20 min.
Allergene: E
(Kohlehydrat:56,62% / Eiweiß & Fett:43,38%)
100g.≈ Eiweiß 7,95g. Fett:4,89g.
µg. - Ph:13,21 Na:0,7 Ka:33,77 Mg:10,99 Ca:11,98 Fe:0,34 Zn:0,02 Col.:0 Hsr.:7,75

Zutaten:
Soja Tofu 250 g. / 250g. (ja)
Olivenöl 2 EL / 6g. (wenig)
Koriander 1/2 TL / 4g. (ja)
Ingwer frisch 1/2 TL / 4g. (ja)
Reis Basmatireis 1/2 Tasse / 60g. (empfehlenswert)
Wasser 3 Tassen / 200g. (ja)
Zucchini 1 Stück / 700g. (ja)

Kochanleitung:
Tofu würfelig schneiden und mit Olivenöl, Tamari, zerstoßenem Koriander und Ingwer marinieren und mindestens 1 Std. ziehen lassen. Basmatireis im Wasser kochen und evtl. mit Zwiebel und Kardamom würzen. Zucchini und Tofu in einer Pfanne in heißem Öl ca. 5-7 Min. rösten und auf Tellern getrennt vom Reis anrichten. Petersilie drüberstreuen. Kann auch kalt als Salat für zuhause oder unterwegs verwendet werden.

3.9 Belugalinseneintopf mit Gemüse

Fördert Schwitzen, löst Stagnation, lindert Verstopfung, fördert Verdauung, produziert Muttermilch, regt Nerven an, entgiftet, lindert Entzündungen, verbessert Durchblutung, stärkt Herz und Nieren, harntreibend, beruhigt den Magen.

Anzahl Portionen: 5
Kalorien p. Portion 202
Gramm p. Portion 361,64
Kochdauer ca. 20 min.
(Kohlehydrat:50,85% / Eiweiß & Fett:49,15%)
100g.≈ Eiweiß 5,72g. Fett:8,35g.
µg. - Ph:7,14 Na:11,6 Ka:38,6 Mg:4,01 Ca:9,32 Fe:0,2 Zn:0,01 Col.:0,02 Hsr.:8,3

Zutaten:
Linsen (Helmbohnen) 2 Tassen / 240g. (ja)
Wasser 4-5 Tassen / 500g. (ja)
Karotte (Mohrrübe, Möhre) 3 Stück / 150g. (ja)
Lauch (Porree) 1 Stück / 300g. (ja)
Kohlrabi 1/2 Stück / 200g. (empfehlenswert)
Tomate 2 Stück / 80g. (ja)
Zwiebel weiss 1 Stück / 50g. (ja)
Lorbeerblatt 2 Blatt / 1g. (ja)
Fenchel 1 Stück / 250g. (empfehlenswert)
Sternanis 2 Stück / 1g. (ja)
Wacholderbeere 6 Stück / 2g. (ja)
Chili (Schote oder gemahlen) 1 Prise / 0,2g. (ja)
Olivenöl 3 EL / 30g. (wenig)
Salz 1 Prise / 1g. (wenig)
Ingwer frisch 1/2 TL / 2g. (ja)
Schwarzkümmel 1 Prise / 1g. (ja)

Kochanleitung:
Die kleingeschnittene Zwiebel in einem Topf in Öl anbraten. Gewürfeltes Gemüse, Gewürze, Linsen (gut gewaschen) und Salz

zugeben. Mit kaltem Wasser ausreichend (3 fingerbreit) bedeckt 20 Min. auf kleiner Stufe kochen. Mit frischen Kräutern und Schwarzkümmel bestreut servieren. Passt sehr gut zu Reis!

3.10 Bircher Müsli

Ballaststoffreich, verdauungsregulierend, lindert Verstopfung, stärkt Magen und Abwehrkraft, fördert Gewichtsabnahme, gut bei Abwehrschwäche und Appetitlosigkeit.

Anzahl Portionen: 1
Kalorien p. Portion 384
Gramm p. Portion 311
Kochdauer ca. 2 Stunden
Allergene: AGH
(Kohlehydrat:69,38% / Eiweiß & Fett:30,62%)
100g.≈ Eiweiß 9,57g. Fett:13,23g.
µg. - Ph:87,92 Na:21,96 Ka:193,37 Mg:28,41 Ca:51,47 Fe:0,78 Zn:0,5 Col.:3,6 Hsr.:26,51

Zutaten:
Müsli 2 EL / 20g. (ja)
Hafer Flocken (Vollkorn) 2 EL / 20g. (empfehlenswert)
Joghurt (natur, 3,5 % Fett) 6 EL / 80g. (wenig)
Zitrone 1 EL / 10g. (ja)
Acerola Fruchtnektar oder Pulver 1/2 TL / 1g. (empfehlenswert)
Apfel (sauer) 1 Stück / 170g. (empfehlenswert)
Haselnüsse 1 EL / 10g. (wenig)

Kochanleitung:
Haferflocken in Joghurt einrühren und für einige Stunden (oder über Nacht) in den Kühlschrank stellen. Zum Süßen können Rosinen mit dazu gegeben werden. Dann die geriebenen Nüsse, den Zitronensaft, Acerola und geriebenen Apfel untermengen.

3.11 Birnensaft

Fördert Verdauung, harntreibend.

Anzahl Portionen: 2
Kalorien p. Portion 180
Gramm p. Portion 300
Kochdauer ca. 5 min.
(Kohlehydrat:93,06% / Eiweiß & Fett:6,94%)
100g.≈ Eiweiß 1,8g. Fett:1,2g.
µg. - Ph:7,5 Na:1 Ka:62,5 Mg:3,5 Ca:4,5 Fe:0,15 Zn:0,05 Col.:0 Hsr.:7,5

Zutaten:
Birne 3 Stück / 600g. (empfehlenswert)

Kochanleitung:
Bio-Birnen mit Schale (Vitamine sind vor allem unter der Schale) vierteln, entkernen und in der Saftpresse entsaften.

3.12 Bittergurke mit Tomaten-Gemüse

Gegen Altersdiabetes, Verstopfung und Infektionen. Fördert Verdauung, regt an, wärmt, ist krampflösend und appetitanregend.

Anzahl Portionen: 2
Kalorien p. Portion 177
Gramm p. Portion 274,75
Kochdauer ca. 30 Min.
Allergene: G
(Kohlehydrat:47,08% / Eiweiß & Fett:52,92%)
100g.≈ Eiweiß 3,69g. Fett:12,19g.
µg. - Ph:20,69 Na:6,48 Ka:110,74 Mg:10,02 Ca:20,62 Fe:0,33 Zn:0,05 Col.:0,26 Hsr.:3,8

Zutaten:
Gurke (bitter) 2 Stück / 250g. (empfehlenswert)
Tomate 2 Stück / 200g. (ja)
Joghurt (natur, 3,5 % Fett) 4 EL / 40g. (wenig)
Maiskeimöl 3 EL / 20g. (wenig)
Zitrone 1 Stück / 5g. (ja)
Knoblauch 4 Stück / 5g. (empfehlenswert)
Ingwer frisch 10 g. / 10g. (ja)
Chili (Schote oder gemahlen) 2 g. / 2g. (ja)
Koriander 1 EL / 5g. (ja)
Kardamom 1 EL / 5g. (ja)
Cumin (Kreuzkümmel) 1 EL / 5g. (ja)
Safran 1 g. / 1g. (empfehlenswert)
Salz 1 Prise / 1g. (wenig)
Pfeffer gemahlen 1 Prise / 0,5g. ()

Kochanleitung:
Die Bittergurken halbieren, entkernen, zuerst in Streifen und dann in kleine Würfel schneiden. Tomaten würfelig und die Chilischote in dünne Ringe schneiden. Knoblauch und Ingwer schälen und fein schneiden. Die Bittergurken in einem Topf mit Öl unter Rühren anbraten. Tomaten, Knoblauch, Ingwer und Salz zufügen und 15 Min. köcheln lassen. Die Gewürze und den Zitronensaft unterrühren. Dazu passt Reis oder Kartoffeln.

3.13 Blattsalat mit Frischkäse

Die Bitterstoffe besitzen eine galle- und harntreibende Wirkung und fördern die Durchblutung im Verdauungstrakt mit deutlicher Verbesserung der gesamten Verdauungsfunktion. Senf verbessert Schilddrüsenfunktion und lindert rheumatische Beschwerden.
Anzahl Portionen: 1
Kalorien p. Portion 802
Gramm p. Portion 260,5
Kochdauer ca. 5 min.
Allergene: AFM
(Kohlehydrat:20,86% / Eiweiß & Fett:79,14%)
100g.≈ Eiweiß 22,11g. Fett:52,98g.
µg. - Ph:138,56 Na:312,5 Ka:257,23 Mg:28,83 Ca:84,45 Fe:0,54 Zn:0,48 Col.:0,06 Hsr.:14,62

Zutaten:
Blattsalate (bitter) 2 Portionen / 60g. (empfehlenswert)
Frischkäse aus Soja 150 g. / 150g. (ja)
Senf 1 Messerspitze / 1g. (ja)
Zitrone Saft 1 Schuss / 3g. (ja)
Salz 1 Prise / 1g. (wenig)
Pfeffer gemahlen 1 Prise / 0,5g. ()
Kräuter verschiedene 2 TL / 4g. (ja)
Schwarzkümmel 1 Prise / 1g. (ja)
Vollkornbrot 2 Scheiben / 40g. (empfehlenswert)

Kochanleitung:
Blattsalat waschen und klein zupfen. 150 g Frischkäse, etwas Senf, einen Spritzer Zitronensaft, 1 Zehe Knoblauch, gehackte frische Kräuter, eine Prise Pfeffer und zerstoßenen Schwarzkümmel verrühren und über den Salat geben. Dazu Vollkornbrot reichen.

3.14 Blitzschnelle Zucchinisuppe

Harntreibend, stärkt Magen-Darm-Funktion, erweitert Blutgefäße, bakterizid, beugt Krebs vor, beugt Krankheiten vor (bei älteren Menschen), regt Leberfunktion an, entgiftet.
Anzahl Portionen: 4
Kalorien p. Portion 42
Gramm p. Portion 241,5
Kochdauer ca. 10 min
(Kohlehydrat:46,03% / Eiweiß & Fett:53,97%)
100g.≈ Eiweiß 1,77g. Fett:2,05g.
µg. - Ph:3,81 Na:0,41 Ka:29,78 Mg:3,2 Ca:5,37 Fe:0,22 Zn:0,01 Col.:0 Hsr.:2,85

Zutaten:
Zucchini 2-3 Stück / 500g. (ja)
Zwiebel weiss 1 Stück / 50g. (ja)
Maiskeimöl 2 EL / 6g. (wenig)
Petersilie 1 EL / 7g. (empfehlenswert)
Lauchzwiebel Schnittlauch 1 TL / 3g. (ja)
Wasser 1/2 Liter / 400g. (ja)

Kochanleitung:
Gehackte Zwiebel in Öl andünsten. In Scheiben geschnittene Zucchini zufügen und gut andünsten. Mit Wasser aufgießen. Petersilie und Schnittlauch grob gehackt zufügen und alles pürieren.

3.15 Bohnenpasta pikant süß

Harntreibend, senkt den Cholesterinspiegel, beugt Arteriosklerose vor, antioxidativ, fördert Verdauung, hilft Fett zu verdauen, senkt Blutdruck.
Anzahl Portionen: 1
Kalorien p. Portion 311
Gramm p. Portion 236
Kochdauer ca. 1 Stunde
Allergene: MO
(Kohlehydrat:60% / Eiweiß & Fett:40%)
100g.≈ Eiweiß 30,04g. Fett:25,6g.
µg. - Ph:193,06 Na:57,14 Ka:452,19 Mg:77,53 Ca:58,65 Fe:3,77 Zn:0,65 Col.:0,08 Hsr.:68,19

Zutaten:
Schwarze Bohnen 1 Tasse / 120g. (empfehlenswert)
Ingwer frisch 2 cm. / 3g. (ja)
Boxhornkleesamen 1/2 TL / 2g. (ja)
Tomatenmark 1 EL / 10g. (empfehlenswert)
Olivenöl 2 EL / 20g. (wenig)
Kürbiskernöl 1 Schuss / 3g. (wenig)
Senf 1 Messerspitze / 1g. (ja)
Rettich Meerrettich (Kren) 1 TL gerieben / 2g. (ja)
Pfeffer gemahlen 1 Prise / 0,5g. ()
Knoblauch 2 Zehen / 3g. (empfehlenswert)
Salz 1 Prise / 1g. (wenig)
Zucker Melasse 2-3 EL / 20g. (wenig)
Zitrone Schale 1/2 Stück / 1g. (ja)
Wasser 2 Tassen / 50g. (ja)

Kochanleitung:
Bohnen mit Gewürzen und Ingwer kochen, Wasser abgießen und pürieren. Mit Gewürzen abschmecken und mit Zuckerrübensirup und Zitronenschale verfeinern.

3.16 Buntes Reisgericht

Stärkt Immunsystem, Milz, Magen, Blut, Muskeln, Sehnen und Knochen, fördert Verdauung, hilft Fett zu verdauen, harntreibend, senkt Blutdruck, löst Stagnation, gut gegen Diabetes.

Anzahl Portionen: 3
Kalorien p. Portion 437
Gramm p. Portion 342,67
Kochdauer ca. 45 Min.
Allergene: L
(Kohlehydrat:63% / Eiweiß & Fett:37%)
100g.≈ Eiweiß 17,03g. Fett:10,23g.
µg. - Ph:7,97 Na:4,89 Ka:17,25 Mg:6,38 Ca:18,08 Fe:0,14 Zn:0,11 Col.:1 Hsr.:5,14

Zutaten:
Olivenöl 2 TL / 20g. (wenig)
Zwiebel Frühlingszwiebel 1 Stück / 20g. (ja)
Rind Fleisch 125 g. / 125g. (ja)
Reis Vollkorn 80 g. / 80g. (empfehlenswert)
Grundrezept für eine Gemüsebrühe 300 ml. / 300g. (empfehlenswert)
Sellerie Knolle 50 g. / 50g. (ja)
Lauch (Porree) 1 Stück / 100g. (ja)
Bohnen (grün, frisch) 150 g. / 150g. (ja)
Karotte (Mohrrübe, Möhre) 1 Stück / 70g. (ja)
Tomate 2 Stück / 100g. (ja)
Salz 1 Prise / 0,5g. (wenig)
Pfeffer gemahlen 1 Prise / 0,2g. ()
Paprika (Rosenpaprikapulver) 1 Prise / 0,5g. (ja)
Kräuter verschiedene 2 EL / 12g. (ja)

Kochanleitung:
Lauch und Karotten waschen, putzen und kleinschneiden. Sellerie würfeln, Tomaten in Scheiben schneiden. In einer großen, tiefen Pfanne Öl erhitzen und die kleingeschnittene Zwiebel zusammen mit dem Hackfleisch darin anbraten. Naturreis und vorbereitetes Gemüse (Sellerie, Lauch, Bohnen, Möhre, Tomaten) dazugeben und kurz mit andünsten. Mit Salz, Pfeffer und Paprika würzen, Gemüsebrühe hinzufügen, aufkochen lassen und bei geringer Hitze ca. 20 bis 30 Min. bei kleiner Hitze und geschlossenem Deckel garen lassen. Mit frischen gehackten Kräutern bestreuen und servieren.

3.17 Champignonreis

Stärkt Nieren, ist harntreibend, erwärmt den Körper von innen, erweitert die Gefäße, stärkt die Muskeln, fördert die Verdauung, kuriert Bluthochdruck, löst Stagnation, fördert Gewichtsabnahme. Gut bei Abwehrschwäche und Appetitlosigkeit.

Anzahl Portionen: 2
Kalorien p. Portion 410
Gramm p. Portion 341
Kochdauer ca. 30 Min.
Allergene: L
(Kohlehydrat:89% / Eiweiß & Fett:11%)
100g.≈ Eiweiß 10,01g. Fett:3,44g.
µg. - Ph:30,31 Na:3,54 Ka:32,26 Mg:27,24 Ca:62,74 Fe:0,37 Zn:0,16 Col.:0 Hsr.:12,22

Zutaten:
Zwiebel weiss 1 Stück / 50g. (ja)
Lorbeerblatt 2 Stück / 1g. (ja)
Nelke 2 Stück / 1g. (ja)
Grundrezept für eine Gemüsebrühe 400 g. / 350g. (empfehlenswert)
Reis Vollkorn 200 g / 200g. (empfehlenswert)
Champignon 60 g. / 60g. (ja)
Petersilie 20 g. / 20g. (empfehlenswert)
Pfeffer gemahlen 1 Prise / 0,2g. ()

Kochanleitung:
Die Nelken in die Zwiebel stecken, die Gemüsebrühe mit der Zwiebel und den Lorbeerblättern zum Kochen bringen und den Reis in die kochende Flüssigkeit geben. Temperatur auf die kleinste Stufe zurückschalten und mit geschlossenem Deckel 20-25 Min. garziehen lassen. In der Zwischenzeit die Champignons putzen, in Scheiben schneiden, mit wenig Wasser kurz andünsten oder anbraten. Die Petersilie waschen und fein hacken. Aus dem fertigen Reis die Zwiebel herausnehmen, die Champignons und die Petersilie hinzugeben und mit Pfeffer und Salz abschmecken.

3.18 Couscous mit Datteln, Kokos und Mandelmus

Stoppt Durchfall, fördert Verdauung, Appetit anregend.

Anzahl Portionen: 3
Kalorien p. Portion 484
Gramm p. Portion 283,47
Kochdauer ca. 10 Min.
Allergene: AHO
(Kohlehydrat:69,98% / Eiweiß & Fett:30,02%)
100g.≈ Eiweiß 11,94g. Fett:18,56g.
µg. - Ph:10,79 Na:17,71 Ka:31,68 Mg:5,23 Ca:5,41 Fe:0,17 Zn:0,07 Col.:0 Hsr.:13,8

Zutaten:
Couscous 2 Tassen / 240g. (ja)
Wasser 4 Tassen / 400g. (ja)
Datteln getrocknet 6 Stück / 20g. (empfehlenswert)
Kokosflocken 3 EL / 30g. (wenig)
Mandelmus 2 EL / 20g. (wenig)
Olivenöl 2 TL / 20g. (wenig)
Apfel (süß) 1 Stück gerieben / 120g. (empfehlenswert)
Vanille 1 Messerspitze / 0,2g. (ja)
Chili (Schote oder gemahlen) 1 Prise / 0,2g. (ja)

Kochanleitung:
Couscous mit Olivenöl in eine große Schüssel geben, kochendes Wasser drüber gießen und 10 Min. quellen lassen. Datteln zerkleinern und Apfel reiben. Couscous mit einer Gabel auflockern, Datteln, Kokosflocken, Apfel und Mandelmus untermischen. Süßen nach Geschmack. Gewürze und Aromen: Vanille, wenig Chili.
Wintervariation: Birne Sommervariation: Aprikose, Nektarine

3.19 Couscous-Salat

Bakterizid, beugt Krebs vor, stärkt Magensaftproduktion, fördert Verdauung, regt Leberfunktion an, senkt Blutdruck, stärkt Immunsystem, reduziert Strahlenverletzungen, harntreibend.
Anzahl Portionen: 3
Kalorien p. Portion 338
Gramm p. Portion 285,67
Kochdauer ca. 25 Min.
Allergene: A
(Kohlenhydrat:75,44% / Eiweiß & Fett:24,56%)
100g.≈ Eiweiß 12,22g. Fett:7,11g.
µg. - Ph:15,3 Na:17,27 Ka:83,68 Mg:6,5 Ca:21,3 Fe:0,46 Zn:0,07 Col.:0 Hsr.:13,69

Zutaten:
Wasser 250 ml. / 100g. (ja)
Olivenöl 1 EL / 15g. (wenig)
Couscous 200 g / 200g. (ja)
Zitrone Saft 3 EL / 30g. (ja)
Zitrone Schale 1 TL / 2g. (ja)
Tomate 2 Stück / 80g. (ja)
Gurke 100 g. / 100g. (ja)
Karotte (Mohrrübe, Möhre) 100 g. / 100g. (ja)
Petersilie 1 Bund / 100g. (empfehlenswert)
Lauchzwiebel Schnittlauch 1 Bund / 100g. (ja)
Pfefferminze 3 Äste / 30g. (ja)

Kochanleitung:
In einem kleinen Topf 250 ml Wasser mit Salz und 1 EL Olivenöl zum Kochen bringen. Couscous einrühren, vom Herd nehmen und zugedeckt 5 Min. quellen lassen. Couscous zurück auf den Herd stellen und bei milder Hitze weitere ca. 2 Min. unter ständigem leichten Rühren ziehen lassen. Eventuell noch 1-3 EL heißes Wasser untermischen. Couscous mit Zitronensaft, kleingehackter Zitronenschale und 1 EL Öl vermischen, mit Salz und Pfeffer abschmecken und etwas durchziehen lassen. Couscous mit gewürfelten Tomaten und Gurken, geriebenen Karotten, Petersilie, Schnittlauch und Minze (fein gehackt) vermischen. Couscous-Salat mit Zitronensaft, Salz und Pfeffer abschmecken.

3.20 Cranberrisaft

Antibakteriell, harntreibend. Gut bei Appetitlosigkeit, Arteriosklerose, Blasenentzündung, Durchfall, Fieber, Gicht, Magengeschwür, Mundschleimhautentzündung, Rheuma. Gegen freie Radikale, gegen Erkältung. Beugt Vitamin-C-Mangel vor.

Anzahl Portionen: 1
Kalorien p. Portion 43
Gramm p. Portion 160
Kochdauer ca. 5 Min.
(Kohlehydrat:98,46% / Eiweiß & Fett:1,54%)
100g.≈ Eiweiß 0,14g. Fett:0,02g.
µg. - Ph:2,06 Na:1,53 Ka:11,69 Mg:1,16 Ca:4,22 Fe:0,09 Zn:0,1 Col.:0 Hsr.:3,12

Zutaten:
Cranberries 2 EL / 25g. (empfehlenswert)
Wasser 1 Tasse / 125g. (ja)
Honig 1 EL / 10g. (ja)

Kochanleitung:
Cranberries und etwas Wasser mit dem Pürierstab zu einem Brei mixen. Mit dem restlichen Wasser aufgießen und mit Honig süßen.

3.21 Dinkel mit Obst und Nüssen

Regt Appetit an, stoppt Durchfall, fördert Verdauung, lindert Müdigkeit, schützt vor Tumorleiden und Leukämie, wirkt förderlich bei Lebensmittelallergien, ist stoffwechselregulierend, senkt Blutzucker und Cholesterin, entzündungshemmend im Magen-Darm-Trakt.

Anzahl Portionen: 3
Kalorien p. Portion 289
Gramm p. Portion 286,33
Kochdauer ca. 1 1/2 Stunden
Allergene: AH
(Kohlehydrat:76% / Eiweiß & Fett:24%)
100g.≈ Eiweiß 8,64g. Fett:6,67g.
µg. - Ph:9,7 Na:8,81 Ka:25,53 Mg:3,53 Ca:2,83 Fe:0,14 Zn:0,02 Col.:0 Hsr.:2,96

Zutaten:
Dinkel 1 Tasse / 120g. (ja)
Wasser 1 Tasse / 50g. (ja)
Apfel (süß) 1 Stück / 220g. (empfehlenswert)
Aprikose 1 Stück / 200g. (empfehlenswert)
Pfirsich 1 Stück / 120g. (ja)
Zimtpulver 1 Prise / 1g. (ja)
Kardamom 1 Prise / 1g. (ja)
Salz 1 Prise / 1g. (wenig)
Erdbeere 1 Tasse / 120g. (empfehlenswert)
Mandelmus 1 EL / 15g. (wenig)
Kakao 1 Prise / 1g. (empfehlenswert)
Walnüsse 1 EL / 10g. (wenig)

Kochanleitung:
Dinkel in heißem Wasser aufsetzen und gar kochen. Danach: Süßes, kleingeschnittenes Obst (Äpfel, Aprikosen, Pfirsiche) in wenig heißem Wasser mit etwas Zimt kurz andünsten. Gemahlenen Kardamom und/oder Koriander, eine kleine Prise Salz, den gekochten Dinkel und evtl. Erdbeeren (nach Jahreszeit) dazugeben und erhitzen. Mit Kakao und gerösteten Nüssen überstreuen.

3.22 Erdbeer-Bananen-Mark

Reguliert Magen-Darm-Funktion, fördert Verdauung.

Anzahl Portionen: 10
Kalorien p. Portion 30
Gramm p. Portion 47
Kochdauer ca. 10 Min.
(Kohlehydrat:92% / Eiweiß & Fett:8%)
100g.≈ Eiweiß 0,45g. Fett:0,15g.
µg. - Ph:0,26 Na:0,02 Ka:2,55 Mg:0,24 Ca:0,21 Fe:0,01 Zn:0 Col.:0 Hsr.:0,24

Zutaten:
Banane 1 Stück / 200g. (empfehlenswert)
Erdbeere 200 g / 200g. (empfehlenswert)
Orange 1/2 Stück / 70g. (ja)

Kochanleitung:
Banane schälen, Erdbeeren waschen, von den Stielen zupfen und beides in eine Rührschüssel geben. Den Orangensaft dazugießen und alles fein zermusen. Das Mark in einen Eiswürfelbereiter füllen und einfrieren. Die gefrorenen Würfel in eine Kühlbox umfüllen (bis zu 2 Monate haltbar). Kleine Portionen sind ideal zum Mischen mit Joghurt oder Quark.

3.23 Erdbeersuppe mit Melonen

Lindert Schmerzen und Entzündungen bei Rheuma, ist harntreibend, hilft bei Verstopfung.

Anzahl Portionen: 2
Kalorien p. Portion 87
Gramm p. Portion 285,5
Kochdauer ca. 5 Min.
(Kohlehydrat:86,25% / Eiweiß & Fett:13,75%)
100g.≈ Eiweiß 2,04g. Fett:0,84g.
µg. - Ph:11,96 Na:3,07 Ka:101,16 Mg:6,79 Ca:10,32 Fe:0,28 Zn:0,01 Col.:0 Hsr.:13,35

Zutaten:
Erdbeere 300 g. / 300g. (empfehlenswert)
Erdbeersaftgetränk 70 ml / 70g. (empfehlenswert)
Zitrone Schale 1/4 TL / 1g. (ja)
Honigmelone 200 g / 200g. (ja)

Kochanleitung:
Erdbeeren (frisch oder tiefgekühlt) und Erdbeersaft mit dem Mixstab pürieren und etwas Zucker untermischen. Melonenfruchtfleisch in kleine Stücke schneiden. Die Erdbeersuppe portionsweise anrichten und Melonenwürfel in die süße Suppe setzen.

3.24 Exotisches Linsengericht

Stärkt Herz und Nieren, harntreibend, beruhigt den Magen, fördert Verdauung, löst Stagnation, hilft Fett zu verdauen, senkt Blutdruck, entgiftet, stimuliert das Immunsystem.

Anzahl Portionen: 4
Kalorien p. Portion 144
Gramm p. Portion 273,38
Kochdauer ca. 45 Min.
Allergene: NO
(Kohlehydrat:71,01% / Eiweiß & Fett:28,99%)
100g.≈ Eiweiß 5,83g. Fett:3,46g.
µg. - Ph:13,56 Na:11,59 Ka:48,35 Mg:8,52 Ca:8,91 Fe:0,27 Zn:0,02 Col.:0 Hsr.:13,4

Zutaten:
Sesamöl 1 EL / 10g. (wenig)
Zwiebel weiss 2 Stück / 120g. (ja)
Ingwer frisch 1/2 TL / 2g. (ja)
Thymian getrocknet 1/2 TL / 1g. (ja)
Cumin (Kreuzkümmel) 1/2 TL / 2g. (ja)
Linsen rot 1 Tasse / 120g. (ja)
Wakame 3 cm / 1g. (ja)
Zitrone 1/2 Stück / 20g. (ja)
Bocksdornfrüchte (Fructus Lycii) getrocknet 2 Prisen / 2g. (ja)
Zucker Ursüße (Zuckerrohr) süß 1 Prise / 1g. (wenig)
Chili (Schote oder gemahlen) 1 Prise / 0,5g. (ja)
Salz 1 Prise / 1g. (wenig)
Essig (Apfelessig) 1/2 TL / 1g. (ja)
Tomate 1 Stück / 50g. (ja)
Mangold 200 g / 200g. (ja)
Blumenkohl (Karfiol) 200 g / 200g. (empfehlenswert)
Salz 1 Prise / 1g. (wenig)
Reis Vollkorn 1/2 Tasse / 60g. (empfehlenswert)
Wasser 3 Tassen / 300g. (ja)
Salz 1 Prise / 1g. (wenig)

Kochanleitung:
Sesamöl in einem Topf erhitzen. Kleingeschnittene Zwiebeln, geriebenen Ingwer, getrockneten Thymian und reichlich Cumin zugeben und leicht anbraten. Geschälte rote Linsen, einen Streifen Wakame, etwas Zitronensaft, heißes Wasser und etwas getrocknete Bocksdornfrüchte dazugeben. 20 Min. köcheln lassen, bis die Linsen gar sind. Heißes Wasser nach Belieben nachgießen, so dass ein Brei entsteht. Vollrohrzucker, etwas Chili und Salz zufügen und mit Essig oder Zitronensaft abschmecken. Kleingeschnittene Tomate dazugeben

und einige Minuten durchziehen lassen. Den Blumenkohl in einem kleinen Topf mit 1 Tasse Wasser und etwas Salz 10 Min. weich kochen. Den Mangold in einem kleinen Topf mit 1 Tasse Wasser und Salz 3 Min. blanchieren. Reis kurz aufkochen, salzen und 10 Min. ziehen lassen. Alles zusammen mit dem Linsengericht anrichten.

3.25 Fein gewürzte Zucchini mit Tomaten

Harntreibend, fördert Verdauung, hilft Fett zu verdauen, senkt Blutdruck, löst Stagnation, antioxidativ, erwärmt den Körper von innen, erweitert die Gefäße.

Anzahl Portionen: 4
Kalorien p. Portion 203
Gramm p. Portion 396,5
Kochdauer ca. 10 Min.
(Kohlehydrat:71,84% / Eiweiß & Fett:28,16%)
100g.≈ Eiweiß 5,39g. Fett:6,62g.
µg. - Ph:10,4 Na:0,79 Ka:35,33 Mg:6,3 Ca:5,58 Fe:0,26 Zn:0,02 Col.:0 Hsr.:5,53

Zutaten:
Olivenöl 1 EL / 20g. (wenig)
Zwiebel weiss 2 Stück / 120g. (ja)
Zucchini 4 Stück / 800g. (ja)
Oregano getrocknet 1 Prise / 1g. (ja)
Basilikum (frisch) 6-8 Blatt / 3g. (ja)
Salz 1 Prise / 1g. (wenig)
Tomate 2 Stück / 120g. (ja)
Reis Vollkorn 1 Tasse / 120g. (empfehlenswert)
Wasser 6 Tassen / 400g. (ja)
Salz 1 Prise / 1g. (wenig)

Kochanleitung:
Fein geschnittene Zwiebeln und klein geschnittene Zucchini in Olivenöl in einer Pfanne anbraten, bis sie halb gar sind und reichlich getrockneten Oregano dazugeben. Salzen und klein geschnittene Tomaten einige Minuten mitdünsten, bis die Zucchini gar, aber noch knackig sind. Mit frischem Basilikum anrichten. Variante: Über die Tomaten etwas Schafskäse geben und mit geschlossenem Deckel zu Ende garen. Den Reis im gesalzenen Wasser aufsetzen, aufkochen lassen und bei kleiner Hitze ca. 15 Min. quellen lassen.

3.26 Feiner russischer Borschtsch

Stärkt Milz, Magen und Herz, unterstützt die Blutzirkulation, regt Verdauung an, senkt Blutdruck, stärkt Immunsystem. Zur Kräftigung nach Krankheiten, gegen Blähungen, krampflösend bei Magen-Darm-Beschwerden.

Anzahl Portionen: 6
Kalorien p. Portion 171
Gramm p. Portion 368,33
Kochdauer ca. 30 Min
Allergene: AGLO
(Kohlehydrat:81% / Eiweiß & Fett:19%)
100g.≈ Eiweiß 6,07g. Fett:3,32g.
µg. - Ph:1,04 Na:1,82 Ka:4,72 Mg:1,22 Ca:4,74 Fe:0,02 Zn:0 Col.:0,01 Hsr.:0,78

Zutaten:
Rote Rübe 200 g. / 200g. (ja)
Sonnenblumenöl 1 EL / 10g. (wenig)
Zwiebel Schalotte 2 Stück / 40g. (ja)
Karotte (Mohrrübe, Möhre) 2 Stück / 140g. (ja)
Sellerie Knolle 1 Stück / 500g. (ja)
Petersilienwurzel 1 Stück / 150g. (ja)
Lauch (Porree) 5 dag. / 50g. (ja)
Grundrezept für eine Gemüsebrühe 3/4 Liter / 650g. (empfehlenswert)
Lorbeerblatt 1 Blatt / 0,2g. (ja)
Wacholderbeere 2 Stück / 2g. (ja)
Muskatnuss 1 Prise / 1g. (ja)
Wirsing/Grünkohl 200 g. / 200g. (ja)
Salz 1 Prise / 1g. (wenig)
Pfeffer gemahlen 1 Prise / 0,5g. ()
Kümmel 1 Prise / 1g. (ja)
Rotwein 1/8 Liter / 125g. (wenig)
Sauerrahm 15% Fett 1 EL / 10g. (wenig)
Dill 1 TL / 10g. (empfehlenswert)
Weißbrot (Weizenbrot) 6 Scheiben / 120g. (wenig)

Kochanleitung:
Die Rote Bete in Öl andünsten. In einem anderen Topf Zwiebeln, Karotten, Sellerie, Petersilienwurzel und Lauch gut anbraten. Mit der Brühe und dem Wein aufgießen und dann Lorbeer, Wacholderbeeren und Muskat zugeben und 15 Min. köcheln lassen. Lorbeer entfernen und alles pürieren. Etwas Brühe separat erhitzen und die angedünstete Rote Bete darin weich köcheln. Nach der halben Garzeit Wirsing oder Weißkohl zugeben und leicht ziehen lassen. Am Ende das pürierte Gemüse zugeben und alles mit Salz, Pfeffer, gemahlenem Kümmel und

eventuell etwas Rotwein abschmecken. Im Teller mit etwas Sauerrahm und fein gehacktem Dill garnieren. Mit je einer Scheibe Weißbrot servieren.

3.27 Fenchel-Reissuppe

Stärkt Magen, lindert Verstopfung, regt Nerven an, entgiftet, lindert Entzündungen, verbessert Durchblutung.

Anzahl Portionen: 2
Kalorien p. Portion 156
Gramm p. Portion 234
Kochdauer ca. 15-20 Min.
Allergene: EG
(Kohlehydrat:88,32% / Eiweiß & Fett:11,68%)
100g.≈ Eiweiß 3,57g. Fett:6,65g.
µg. - Ph:14,68 Na:32,47 Ka:82,14 Mg:105,79 Ca:110,69 Fe:0,54 Zn:0,06 Col.:1,92 Hsr.:4,9

Zutaten:
Grundrezept für eine Reissuppe 300 ml. / 300g. (empfehlenswert)
Fenchel 1/2 Stück / 150g. (empfehlenswert)
Butter Bio 1 EL / 15g. (wenig)
Sojasauce 1 Schuss / 3g. (wenig)

Kochanleitung:
Fenchel in der Reissuppe (nach Grundrezept) weich kochen. Vor dem Servieren ein Stück Butter und etwas Sojasoße zugeben.

3.28 Fischsuppe mit Rosmarin

Stärkt Magen, Milz und Leber, senkt Blutdruck, bakterizid, stärkt Immunsystem, beugt Krebs vor, reduziert Strahlenverletzungen, ist cholesterinarm und eiweißreich, fördert Durchblutung, regt Appetit an, antioxidativ, löst Stagnation.

Anzahl Portionen: 4
Kalorien p. Portion 271
Gramm p. Portion 284,25
Kochdauer ca. 30 Min.
Allergene: DLO
(Kohlehydrat:38,39% / Eiweiß & Fett:61,61%)
100g.≈ Eiweiß 15,39g. Fett:14,78g.
µg. - Ph:19,71 Na:7,22 Ka:47,56 Mg:3,06 Ca:5,32 Fe:0,13 Zn:0,03 Col.:0,01 Hsr.:14,36

Zutaten:
Grundrezept für eine Fischbrühe 1/2 Liter / 500g. (ja)
Rosmarin 1/2 Bund / 7g. (ja)
Zwiebel Frühlingszwiebel 1 Stück / 20g. (ja)

Olivenöl 2 EL / 35g. (wenig)
Fischstücke gemischt (Süßwasser) 250 g. / 250g. (empfehlenswert)
Karotte (Mohrrübe, Möhre) 1 Stück / 120g. (ja)
Pastinake 1 Stück / 180g. (empfehlenswert)
Sellerie Knolle 1 Scheibe / 20g. (ja)
Salz 1 Prise / 1g. (wenig)
Pfeffer Körner 2 Stück / 1g. (ja)
Knoblauch 1 Zehe / 3g. (empfehlenswert)

Kochanleitung:
Zwiebel und Knoblauch in Öl glasig braten und mit Fischbrühe aufgießen. Gewürfelte Karotte, Pastinake und Sellerie hinzugeben. Mit Salz und Pfefferkörnern würzen. Die Suppe 25 Min. bei schwacher Hitze köcheln lassen. Den Fisch waschen, mit Zitronensaft beträufeln, in Stücke teilen und mit dem abgezupften Rosmarin in die Suppe geben. Alles 5 Min. bei schwacher Hitze garen. Schnittlauch und Petersilie dazugeben und die Suppe mit dem Salz abschmecken.

3.29 Frischkäseersatz

Gut bei Laktoseintoleranz. Gut bei Abwehrschwäche, Appetitlosigkeit, Arteriosklerose, Blähungen, Blasenschwäche, Blutarmut, Bluthochdruck, Depressionen, Diabetes, Durchfall. Stärkt Körperenergie, fördert Verdauung und Gewichtsabnahme.

Anzahl Portionen: 2
Kalorien p. Portion 526
Gramm p. Portion 328
Kochdauer ca. 20 Min.
Allergene: AE
(Kohlehydrat:63,78% / Eiweiß & Fett:36,22%)
100g.≈ Eiweiß 19,62g. Fett:12,76g.
µg. - Ph:65,08 Na:279,59 Ka:111,24 Mg:19,56 Ca:10,63 Fe:0,82 Zn:0,33 Col.:0
Hsr.:32,32

Zutaten:
Sojabohnenmilch 1 Liter / 300g. (ja)
Zitrone 1 Stück / 50g. (ja)
Kräuter verschiedene 2 EL / 6g. (ja)
Vollkornbrot 6 Scheiben / 300g. (empfehlenswert)

Kochanleitung:
Sojamilch in einen Topf geben, unter gelegentlichem Rühren (brennt leicht an!) zum Kochen bringen und abkühlen lassen. Zitrone auspressen, leicht unter die abgekühlte Sojamilch (ca. 80 Grad) rühren und ca. 20 Min. ruhen bzw. gerinnen lassen. Geronnene Sojamilch

durch ein mit dem Geschirrtuch ausgelegtes Sieb gießen, Flüssigkeit ablaufen lassen und danach Restflüssigkeit mit dem Geschirrtuch auspressen. Nach Geschmack mit frischen Kräutern verfeinern. Dazu Vollkornbrot servieren.

3.30 Frühlingssalat

Blutbildend, blutreinigend, harntreibend, entgiftend. Senkt Blutdruck, lindert Entzündungen. Gut bei Magenbeschwerden, Verdauungsschwäche, Verstopfung, Durchfall. Hilft Fett zu verdauen.

Anzahl Portionen: 4
Kalorien p. Portion   162
Gramm p. Portion   210,25
Kochdauer ca.   10 Min.
Allergene: AEMN
(Kohlehydrat:67% / Eiweiß & Fett:33%)
100g.≈ Eiweiß 7,68g. Fett:3,57g.
µg. - Ph:3,64 Na:5,07 Ka:20,01 Mg:1,77 Ca:5,24 Fe:0,18 Zn:0,03 Col.:0 Hsr.:2

Zutaten:
Sauerampfer 150 g. / 150g. (ja)
Löwenzahn (junger) 100 g. / 100g. (empfehlenswert)
Mungbohnensprossen 75 g. / 75g. (ja)
Kresse 100 g. / 100g. (empfehlenswert)
Lauchzwiebel Schnittlauch 1 Bund / 50g. (ja)
Tomate 2 Stück / 100g. (ja)
Petersilie 1 Bund / 50g. (empfehlenswert)
Sesam Paste (Tahini) 2 EL / 16g. (wenig)
Sojasauce 1 Schuss / 3g. (wenig)
Senf 1/2 TL / 2g. (ja)
Weißbrot (Weizenbrot) 6 Scheiben / 120g. (wenig)

Kochanleitung:
Alle Salatzutaten waschen, mischen und die Soße folgendermaßen zubereiten: Tahin mit Senf, Balsamico-Essig, Tamari, Olivenöl, Schnittlauch und der Hälfte der Petersilie mischen. Die Soße über den Salat gießen und unmittelbar vor dem Servieren die restliche Petersilie drüberstreuen. Mit dem Weißbrot servieren.

3.31 Frühstück - Reis mit Früchten

Gut bei Durchblutungsstörungen, Thrombose, Emboliegefahr, Bluthochdruck, Kopfschmerzen, nach Herzinfarkt und Schlaganfall zu empfehlen, befeuchtet Darm, fördert Blutaufbau, fördert Verdauung, lindert Entzündungen.

Anzahl Portionen: 3
Kalorien p. Portion 230
Gramm p. Portion 282
Kochdauer ca. 10 min. - 3 Stunden
Allergene: GHO
(Kohlehydrat:90% / Eiweiß & Fett:10%)
100g.≈ Eiweiß 3,59g. Fett:7,61g.
µg. - Ph:3,19 Na:0,7 Ka:8,57 Mg:20,72 Ca:21,22 Fe:0,05 Zn:0,02 Col.:0,54 Hsr.:0,92

Zutaten:
Grundrezept für eine Reissuppe 6 Tassen / 500g. (empfehlenswert)
Kuhmilch (Vollmilch 3,5 % Fett) 1/2 bis 1 Tasse / 80g. (wenig)
Honig 1 EL / 10g. (ja)
Butter Bio 1 EL / 15g. (wenig)
Datteln getrocknet 1 EL / 15g. (empfehlenswert)
Feige 1 EL / 15g. (ja)
Apfel (sauer) 1 Stück / 200g. (empfehlenswert)
Haselnüsse 1/2 EL / 5g. (wenig)
Mandeln 1/2 EL / 5g. (wenig)
Zimtpulver 1 Prise / 1g. (ja)

Kochanleitung:
Reis-Congee nach Grundrezept kochen oder vorgekocht verwenden. Mit der Milch flüssiger machen und mit Honig süßen. Früchte und Nüsse in Butter anbraten und mit der fertigen Reissuppe vermischen. Datteln, Feigen und den Apfel kleingeschnitten zufügen.

3.32 Gegrillter Tofu mit Reisnudeln

Lindert Blähungen, harntreibend, entgiftend, stärkt Magen-Darm-Funktion, erweitert Blutgefäße, regt Appetit an, fördert Ausscheidung und Durchblutung.

Anzahl Portionen: 4
Kalorien p. Portion 327
Gramm p. Portion 373
Kochdauer ca. 30 Min.
Allergene: E
(Kohlehydrat:49,87% / Eiweiß & Fett:50,13%)
100g.≈ Eiweiß 24,38g. Fett:10,73g.
µg. - Ph:31,18 Na:1,57 Ka:31,66 Mg:18,57 Ca:14,87 Fe:0,41 Zn:0,04 Col.:0 Hsr.:26,16

Zutaten:
Sake 85 ml / 85g. (ja)
Zucker Ursüße (Zuckerrohr) süß 1 EL / 7g. (wenig)
Knoblauch 5 Zehen / 7g. (empfehlenswert)
Zwiebel Frühlingszwiebel 3 Stück / 60g. (ja)
Ingwer frisch 3 cm. / 5g. (ja)
Rapsöl 2 EL / 20g. (wenig)
Spinat 2 Handvoll / 30g. (ja)
Erbse, grün 450 g. / 400g. (ja)
Wasser 1 EL / g. (ja)
Reisnudeln 1 Paket / 250g. (empfehlenswert)
Wasser 1 Liter / g. (ja)
Basilikum 1 EL / 3g. (ja)
Soja Tofu 500 g. / 500g. (ja)

Kochanleitung:
Für die Marinade: Tamari-Soße, Reiswein, Zucker, zerdrückten Knoblauch, Frühlingszwiebel, geriebenen Ingwer, gehackten Basilikum und das Rapsöl in einer mittelgroßen Schüssel miteinander vermengen. Den Tofu hineingeben und mindestens 1 Std. in der Marinade ziehen lassen. Die Zuckerschoten in einer Pfanne zugedeckt mit wenig Wasser 5 Min. leicht andünsten, den Spinat zufügen und nochmals 3 Min. weiterdünsten. Die Reisnudeln nach Herstellerangaben kochen, abtropfen lassen, mit warmem Wasser nochmals abspülen und abtropfen lassen. Den Grill oder Backofengrill vorheizen, den Tofu von beiden Seiten jeweils 5 Min. grillen und beiseite stellen. Die Nudeln auf den Tellern anrichten, das Gemüse rundherum aufteilen und den Tofu über die Nudeln geben. Mit der Marinade übergießen.

3.33 Gelbe Linsensuppe

Stärkt Milz, Herz und Nieren, harntreibend, beruhigt den Magen, fördert Verdauung, stärkt Immunsystem, beugt Krebs vor, reduziert Strahlenverletzungen, regt Leberfunktion an, antioxidativ.
Anzahl Portionen: 7
Kalorien p. Portion 155
Gramm p. Portion 324
Kochdauer ca. 20 min.
Allergene: A
(Kohlehydrat:73% / Eiweiß & Fett:27%)
100g.≈ Eiweiß 7,59g. Fett:1,91g.
µg. - Ph:0,84 Na:1,47 Ka:3,19 Mg:0,35 Ca:0,64 Fe:0,02 Zn:0,01 Col.:0 Hsr.:1,11

Zutaten:
Linsen gelb 1/2 Kg. / 500g. (ja)
Karotte (Mohrrübe, Möhre) 2 Stück / 150g. (ja)
Kohlrabi 1 Stück / 300g. (empfehlenswert)
Zwiebel weiss 1 Stück / 50g. (ja)
Petersilie 1/2 Bund / 100g. (empfehlenswert)
Kurkuma (Gelbwurz) 1 Prise / 1g. (empfehlenswert)
Kardamom 1 Prise / 1g. (ja)
Salz 1 Prise / 1g. (wenig)
Olivenöl 1 EL / 10g. (wenig)
Wasser 1 Liter / 1000g. (ja)
Zitrone Saft 1/2 Stück / 15g. (ja)
Weißbrot (Weizenbrot) 7 Scheiben / 140g. (wenig)

Kochanleitung:
Linsen gründlich in einem Sieb waschen. In einem Topf Öl erhitzen, fein geschnittene Zwiebel, in Scheiben geschnittene Karotten, in Würfel geschnittenen Kohlrabi und Gewürze kurz darin anbraten und salzen. Linsen dazugeben und mit Wasser bedeckt 20 Min. köcheln lassen. Nach Bedarf mit Wasser ergänzen und mit Salz abschmecken. Mit frischer Petersilie oder frischem grünen Koriander bestreuen und mit Zitronensaft beträufeln. Hier kann man auch rote Linsen verwenden (gleiche Kochzeit). Mit Weißbrot servieren.

3.34 Gemüseeintopf mit provenzalischer Pistou

Stärkt Magen, Milz und Leber, senkt Blutdruck, bakterizid, stärkt Immunsystem, beugt Krebs vor, reduziert Strahlenverletzungen, löst Stagnation, lindert Verstopfung, produziert Muttermilch.

Anzahl Portionen: 8
Kalorien p. Portion   137
Gramm p. Portion   323,12
Kochdauer ca.   1 1/2 Stunden
Allergene: AGL
(Kohlehydrat:75% / Eiweiß & Fett:25%)
100g.≈ Eiweiß 5,89g. Fett:6,34g.
µg. - Ph:0,65 Na:0,64 Ka:2,48 Mg:1,06 Ca:4,28 Fe:0,02 Zn:0 Col.:0,01 Hsr.:0,25

Zutaten:
Tomate 200 g. / 200g. (ja)
Olivenöl 2 EL / 30g. (wenig)
Knoblauch 1 Zehe / 5g. (empfehlenswert)
Toastbrot (Vollkorn) 1 Scheibe / 5g. (ja)
Parmesan 30 g. / 30g. (wenig)
Basilikum (frisch) 1 Bund / 125g. (ja)

Salz 1 Prise / 2g. (wenig)
Pfeffer gemahlen 1 Prise / 1g. ()
Oregano getrocknet 1 TL / 3g. (ja)
Grundrezept für eine Gemüsebrühe 1 1/4 Liter / 1250g. Karotte (Mohrrübe, Möhre) 150 g. / 150g. (ja)
Sellerie Knolle 100 g. / 100g. (ja)
Brokkoli 200 g. / 200g. (ja)
Fenchel 1 Stück / 250g. (empfehlenswert)
Thymian getrocknet 1/2 TL / 2g. (ja)
Oregano getrocknet 1/2 TL / 2g. (ja)
Lorbeerblatt 1 Stück / 0,5g. (ja)
Erbse, grün 50 g. / 50g. (ja)
Zwiebel Frühlingszwiebel 4 Stück / 80g. (ja)
Kartoffel 100 g. / 100g. (ja)

Kochanleitung:
Soße: Tomaten abziehen, in kleine Stücke schneiden und zusammen mit fein gehacktem Knoblauch in Olivenöl ein wenig einkochen. Toastbrot (zerkrümelt), frischen fein geriebenen Parmesan, fein geschnittenen Basilikum, Oregano, Salz und Pfeffer dazugeben.
Suppe: Gemüsebrühe nach Grundrezept zum Kochen bringen, in grobe Scheiben geschnittene Karotten, würfelig geschnittenen Sellerie, würfelig geschnittene Kartoffel, kleine Röschen Brokkoli, kleingeschnittene Fenchelknolle, Erbsen, Thymian, Oregano und das Lorbeerblatt hinzufügen und 10 Min. kochen lassen. Frühlingszwiebeln in dünne Ringe geschnitten zufügen und weitere 2 Min. mitkochen. Einige Esslöffel Soße in eine Suppenschüssel füllen und kochend heiße Brühe damit verrühren. Nach und nach die Soße mit der Suppe mischen.

3.35 Gemüse-Grieß-Suppe

Harntreibend, harmonisiert Magen und Darm, senkt Blutdruck, regt Verdauung an, reduziert Schmerzen, senkt Cholesterinspiegel, entgiftet. Gut bei Appetitlosigkeit, Blähungen, Darmentzündungen, Sodbrennen, Zwölffingerdarmgeschwüren.

Anzahl Portionen: 3
Kalorien p. Portion 199
Gramm p. Portion 459,67
Kochdauer ca. 20 Min.
Allergene: AEGL
(Kohlehydrat:78,84% / Eiweiß & Fett:21,16%)
100g.≈ Eiweiß 6,38g. Fett:7,03g.
µg. - Ph:12,79 Na:13,89 Ka:69,81 Mg:18,98 Ca:66,25 Fe:0,28 Zn:0,04 Col.:0,39 Hsr.:8,64

Zutaten:
Grundrezept für eine Gemüsebrühe 1/2 Liter / 500g. (empfehlenswert)
Kartoffel 1 Stück / 80g. (ja)
Pastinake 1 Stück / 180g. (empfehlenswert)
Karotte (Mohrrübe, Möhre) 1 Stück / 120g. (ja)
Sellerie Knolle 150 g. / 150g. (ja)
Kohlrabi 1/2 Stück / 200g. (empfehlenswert)
Bohnen (grün, frisch) 10 dag. / 100g. (ja)
Weizen Gries 2 EL / 24g. (ja)
Liebstöckel 1/2 TL / 2g. (ja)
Butter Bio 1 EL / 20g. (wenig)
Sojasauce 1 TL / 3g. (wenig)

Kochanleitung:
Vorbereitete Gemüsebrühe erhitzen und buntes Gemüse darin weich kochen. Etwas Weizengrieß einstreuen und quellen lassen. Am Schluss reichlich Liebstöckelgrün und etwas Butter unterrühren und mit Sojasoße abschmecken.

3.36 Gemüsereis

Stärkt Magen, löst Stagnation, fördert Gewichtsabnahme, stärkt Nieren und Blase, harntreibend, erwärmt den Körper von innen, reguliert Innenorganfunktionen. Gut bei Abwehrschwäche, Appetitlosigkeit, Blähungen und Bluthochdruck.

Anzahl Portionen: 3
Kalorien p. Portion 304
Gramm p. Portion 274,73
Kochdauer ca. 30 Min.
Allergene: L
(Kohlehydrat:87,6% / Eiweiß & Fett:12,4%)
100g.≈ Eiweiß 8,1g. Fett:3,41g.
µg. - Ph:35,4 Na:5,75 Ka:46,63 Mg:34,07 Ca:82,12 Fe:0,49 Zn:0,07 Col.:0 Hsr.:15,52

Zutaten:
Brokkoli 50 g. / 50g. (ja)
Karotte (Mohrrübe, Möhre) 50 g. / 50g. (ja)
Kohlrabi 50 g. / 50g. (empfehlenswert)
Blumenkohl (Karfiol) 30 g. / 30g. (empfehlenswert)
Erbsen 20 g. / 20g. (ja)
Margarine 1 TL / 4g. (wenig)
Reis Vollkorn 200 g / 200g. (empfehlenswert)
Grundrezept für eine Gemüsebrühe 400 g. / 400g. (empfehlenswert)
Petersilie 20 g. / 20g. (empfehlenswert)
Pfeffer gemahlen 1 Prise / 0,2g. ()

Kochanleitung:
Brokkoli, Karotten und Kohlrabi in kleine Würfel schneiden und den Blumenkohl in kleine Röschen zerteilen. Die Margarine in einer Pfanne oder einem Topf erhitzen und das Gemüse darin andünsten. Anschließend den Reis zufügen, mit der Gemüsebrühe auffüllen und 15-20 Min. ausquellen lassen. In der Zwischenzeit die Petersilie fein hacken. Nach Garzeitende den Reis mit frisch gemahlenem Pfeffer und Petersilie abschmecken.

3.37 Gemüsesaft

Fördert Verdauung, hilft Fett zu verdauen, harntreibend, senkt Blutdruck, bakterizid, stärkt Magen und Immunsystem, beugt Krebs vor, reduziert Strahlenverletzungen, vertreibt innere Kälte, wirkt anregend.
Anzahl Portionen: 1
Kalorien p. Portion 64
Gramm p. Portion 225
Kochdauer ca. 15 Min.
Allergene: L
(Kohlehydrat:82,23% / Eiweiß & Fett:17,77%)
100g.≈ Eiweiß 2,47g. Fett:0,44g.
µg. - Ph:33,92 Na:30,92 Ka:205,63 Mg:13,57 Ca:34,59 Fe:1,18 Zn:0,33 Col.:0 Hsr.:19,76

Zutaten:
Sellerie Knolle 20 g. / 20g. (ja)
Karotte (Mohrrübe, Möhre) 100 g. / 100g. (ja)
Tomate 100 g. / 100g. (ja)
Knoblauch 1 Stück / 2g. (empfehlenswert)
Salz 1 TL / 2g. (wenig)
Acerola Fruchtnektar oder Pulver 1/2 TL / 1g. (empfehlenswert)

Kochanleitung:
Alle Zutaten schälen, mit dem Entsafter zu einem Getränk verarbeiten und Acerola unterrühren.

3.38 Gemüsetopf mit Tofu und Curry auf Naturreis

Harntreibend, senkt Blutzucker und Blutdruck, lindert Blähungen, unterstützt die Verdauung, enthält ideale pflanzliche Schleimstoffe, die zur Regeneration der Dünn- und Dickdarmflora wertvolle Dienste leisten, bakterizid, stärkt Immunsystem.

Anzahl Portionen: 6
Kalorien p. Portion 162
Gramm p. Portion 400,17
Kochdauer ca. 30 Min.
Allergene: E
(Kohlehydrat:56% / Eiweiß & Fett:44%)
100g.≈ Eiweiß 8,62g. Fett:6,02g.
µg. - Ph:1,42 Na:0,6 Ka:6,19 Mg:0,81 Ca:1,42 Fe:0,02 Zn:0,01 Col.:0 Hsr.:0,6

Zutaten:
Olivenöl 2 EL / 20g. (wenig)
Knoblauch 2 Zehen / 3g. (empfehlenswert)
Zwiebel weiss 1 Stück / 60g. (ja)
Curry 2 EL / 16g. (ja)
Wasser 1/2 Liter / 500g. (ja)
Speiserüben 2 Stück / 50g. (ja)
Kürbis 1 Stück / 400g. (ja)
Karotte (Mohrrübe, Möhre) 1 Stück / 100g. (ja)
Pastinake 1 Stück / 150g. (empfehlenswert)
Kartoffel 1 Stück / 70g. (ja)
Süßkartoffel 1 Stück / 70g. (ja)
Blumenkohl (Karfiol) 1/4 Stück / 250g. (empfehlenswert)
Brokkoli 1/2 Stück / 250g. (ja)
Okra 12 Stück / 200g. (ja)
Soja Tofu 1 Stück / 250g. (ja)
Basilikum 3 EL / 12g. (ja)
Salz 1 Prise / 0,5g. (wenig)

Kochanleitung:
In einer großen, schweren Kasserolle das Öl bei mittlerer Temperatur erhitzen, Knoblauch und Zwiebel dazugeben und unter ständigem Rühren anschwitzen. Mit Currypulver nach Geschmack würzen, etwa 5 Min. behutsam mitbraten und darauf achten, dass Knoblauch und Curry nicht anbrennen. Das Wasser zugießen und zum Kochen bringen. Nach und nach sämtliche Gemüse schälen, würfeln und hineingeben und dabei mit den Sorten beginnen, die die längste Garzeit benötigen. Sobald das Wasser erneut kocht, zudecken, die Wärmezufuhr drosseln und das Gemüse etwa 15 Min. köcheln lassen. Wenn es fast weich ist, Blumenkohl- und Brokkoliröschen sowie die Okra dazugeben und den

Eintopf weitere 10 bis 15 Min. garen. Während der letzten 5 Min. den Tofu hineingeben und erwärmen. Gleichzeitig den Naturreis kochen: In einem mittleren Kochtopf mit Wasser den Reis einstreuen, salzen und zugedeckt ca. 20 Min. auf kleiner Flamme kochen, vom Herd nehmen und weitere 10 Min. ziehen lassen. Den Eintopf auf dem Naturreis anrichten und mit Basilikum bestreuen.

3.39 Geriebener Apfel

3 x tgl. essen, wirkt stopfend, bindet Wasser im Darm.
Anzahl Portionen: 1
Kalorien p. Portion   120
Gramm p. Portion   200
Kochdauer ca.   10 Min.
(Kohlehydrat:94,21% / Eiweiß & Fett:5,79%)
100g.≈ Eiweiß 0,6g. Fett:0,8g.
µg. - Ph:11 Na:3 Ka:144 Mg:6 Ca:7 Fe:0,5 Zn:0,1 Col.:0 Hsr.:15

Zutaten:
Apfel (sauer) 1 Stück / 200g. (empfehlenswert)

Kochanleitung:
Apfel (sauer) schälen und möglichst fein reiben. Danach mindestens 5 Min. stehen lassen, bis er braun geworden ist.

3.40 Geröstete Hirse mit Stangensellerie

Stärkt Milz und Nieren, harntreibend, stoffwechselfördernd.
Anzahl Portionen: 2
Kalorien p. Portion   400
Gramm p. Portion   228
Kochdauer ca.   30 min
Allergene: L
(Kohlehydrat:82,09% / Eiweiß & Fett:17,91%)
100g.≈ Eiweiß 7g. Fett:2,59g.
µg. - Ph:44,42 Na:8,59 Ka:31,27 Mg:23,88 Ca:11,01 Fe:1,24 Zn:0,24 Col.:0 Hsr.:12,62

Zutaten:
Hirse 1 Tasse / 120g. (empfehlenswert)
Wasser 2 Tassen / 240g. (ja)
Sellerie Stangensellerie 2 Stangen / 50g. (ja)
Wasser 2 EL / 30g. (ja)
Kräuter verschiedene 1 EL / 10g. (ja)
Salz 1 Prise / 1g. (wenig)
Salbei 3-4 Blätter / 2g. (ja)
Kresse 1 TL / 3g. (empfehlenswert)

Kochanleitung:
Hirse kurz anrösten, mit Wasser übergießen, kurz aufkochen und 20 Min. quellen lassen. Stangensellerie klein schneiden, mit Wasser, Salz und frischen Kräutern 10 Min. kochen und zu der Hirse geben. Frischen Salbei oder Kresse kleingehackt darüberstreuen.

3.41 Gersten-Gemüse-Suppe

Nährt Blut, harntreibend, entgiftet, stärkt Milz und Leber, senkt Blutdruck, bakterizid, stärkt Immunsystem, beugt Krebs vor, reduziert Strahlenverletzungen, fördert Verdauung, hilft Fett zu verdauen, harmonisiert Stoffwechsel.

Anzahl Portionen: 3
Kalorien p. Portion 281
Gramm p. Portion 304
Kochdauer ca. 2 Stunden
Allergene: AGL
(Kohlehydrat:73% / Eiweiß & Fett:27%)
100g.≈ Eiweiß 11,93g. Fett:5,74g.
µg. - Ph:9,75 Na:1,36 Ka:21,85 Mg:3,27 Ca:3,09 Fe:0,14 Zn:0,08 Col.:0,09 Hsr.:9,52

Zutaten:
Gerste 1 Tasse / 120g. (ja)
Shiitake, getrocknet 4 g. / 4g. (empfehlenswert)
Zwiebel Schalotte 1 Stück / 20g. (ja)
Cumin (Kreuzkümmel) 1 Messerspitze / 0,5g. (ja)
Sonnenblumenöl 1 EL / 10g. (wenig)
Wasser 300 ml / 250g. (ja)
Sellerie Stangensellerie 2 Äste / 20g. (ja)
Erbse, grün 250 g. / 250g. (ja)
Tomate 1 Stück / 50g. (ja)
Karotte (Mohrrübe, Möhre) 2 Stück / 150g. (ja)
Stangenbohnen (Fisolen) 1 Handvoll / 30g. (ja)
Salz 1 Prise / 1g. (wenig)
Pfeffer gemahlen 1 Prise / 0,5g. ()
Petersilie 1 TL / 3g. (empfehlenswert)
Butter Bio 1 TL / 3g. (wenig)

Kochanleitung:
Gerste am Abend einweichen. Am nächsten Tag die Pilze separat einweichen. Zwiebel und Cumin in Öl bräunen, dann mit Wasser aufkochen. Das kleingeschnittene Gemüse, etwas Salz, die Gerste und die Shiitakepilze hinzufügen und alles zu einer dicken Suppe weich kochen. Am Ende mit Pfeffer, Petersilie und etwas Butter abschmecken.

3.42 Getreide-Obst-Brei

Liefert viel Vitamin C, stärkt Abwehrkraft, antiparasitär.

Anzahl Portionen: 1
Kalorien p. Portion 175
Gramm p. Portion 215
Kochdauer ca. 10 Min.
Allergene: A
(Kohlehydrat:71% / Eiweiß & Fett:29%)
100g.≈ Eiweiß 2,7g. Fett:6,92g.
µg. - Ph:41,51 Na:2,49 Ka:91 Mg:16,16 Ca:10,4 Fe:0,66 Zn:0,47 Col.:0 Hsr.:21,3

Zutaten:
Hafer Flocken (Vollkorn) 20 g. / 20g. (empfehlenswert)
Wasser 90 g. / 90g. (ja)
Apfelsaft (Naturtrüb) 100 g. / 100g. (empfehlenswert)
Rapsöl 5 g. / 5g. (wenig)

Kochanleitung:
Die Getreideflocken mit Wasser kurz aufkochen. Instantflocken braucht man nur mit heißem Wasser anrühren. Obstsaft oder -püree und Fett unterrühren. Das frische Obst (zum Beispiel Äpfel, Birnen, Pfirsiche) kann roh zerdrückt oder gerieben werden. Geeignet sind auch Tiefkühlobst oder industriell eingemachtes Obst in Gläsern ohne Zuckerzusätze. Bananen sollten Sie mit weniger süßem Obst vermischt anbieten.

3.43 Grundrezept für eine Fischbrühe

Kräftigt Nieren, harntreibend, senkt Blutdruck, bakterizid, stärkt Immunsystem, beugt Krebs vor, reduziert Strahlenverletzungen, fördert Durchblutung, ist cholesterinarm, eiweißreich und regt Appetit an.

Anzahl Portionen: 5
Kalorien p. Portion 128
Gramm p. Portion 243,8
Kochdauer ca. 40 min.
Allergene: DLO
(Kohlehydrat:33,81% / Eiweiß & Fett:66,19%)
100g.≈ Eiweiß 9,81g. Fett:5,2g.
µg. - Ph:14,91 Na:7,09 Ka:31,5 Mg:2,39 Ca:4,63 Fe:0,11 Zn:0,02 Col.:0,01 Hsr.:11,94

Zutaten:
Fischstücke gemischt (Süßwasser) 300 g. / 300g. (empfehlenswert)
Sellerie Knolle 120 g. / 120g. (ja)
Lauch (Porree) 5 cm / 10g. (ja)
Karotte (Mohrrübe, Möhre) 2 Stück / 150g. (ja)
Weißwein 1/8 Liter / 125g. (wenig)

Zitrone 1/2 Stück / 50g. (ja)
Lorbeerblatt 2 Blätter / 2g. (ja)
Pfeffer Körner 3 Stück / 2g. (ja)
Olivenöl 1 EL / 10g. (wenig)
Wasser 1/2 Liter / 450g. (ja)

Kochanleitung:
Kleingeschnittenen Sellerie, Karotten und Lauch in Olivenöl andünsten, Lorbeerblatt und Pfefferkörner zugeben, Fischstücke zufügen und kurz mitdünsten. Mit Wasser ablöschen, wenig Weißwein oder Zitrone zugeben und 30 Min. leise köcheln lassen. Mehrmals den entstehenden Schaum abschöpfen. Am Ende die Zutaten durch ein Sieb abseihen.

3.44 Grundrezept für eine Hühnerbrühe

Stärkt Blut, baut Milz und Magen auf, stärkt Knochenmark, senkt Blutdruck, bakterizid, stärkt Immunsystem, beugt Krebs vor, reduziert Strahlenverletzungen. Gut bei Appetitlosigkeit und Blähungen.
Anzahl Portionen: 9
Kalorien p. Portion 90
Gramm p. Portion   244,89
Kochdauer ca.   2-3 Stunden
Allergene: L
(Kohlehydrat:10,44% / Eiweiß & Fett:89,56%)
100g.≈ Eiweiß 15,69g. Fett:11,57g.
µg. - Ph:7,72 Na:5,27 Ka:16,86 Mg:1,2 Ca:3,41 Fe:0,1 Zn:0 Col.:0,25 Hsr.:8,27

Zutaten:
Huhn Fleisch 1/2 Stück / 600g. (ja)
Karotte (Mohrrübe, Möhre) 2 Stück / 150g. (ja)
Lauch (Porree) 1 Stange / 45g. (ja)
Sellerie Knolle 1 Stück / 500g. (ja)
Ingwer frisch 2 Scheiben / 2g. (ja)
Bockshornklee 1 TL / 2g. (ja)
Wacholderbeere 1 TL / 3g. (ja)
Lorbeerblatt 3 Stück / 2g. (ja)
Wasser 1 Liter / 900g. (ja)

Kochanleitung:
Hühnerteile von Fett befreien, in einen Topf mit heißem Wasser geben, kurz aufkochen lassen und entstehenden Schaum abschöpfen. Grob geschnittenes Gemüse und alle Gewürze zugeben und 2-3 Std. bei mittlerer Hitze kochen, dann alles abseihen. Tipp: Wenn Sie das Fleisch als Suppeneinlage verwenden möchten, bereits nach 45 Min. herausnehmen und nur die Knochen in der Suppe lassen.

3.45 Grundrezept für eine nahrhafte Gemüsebrühe

Senkt Blutdruck und Blutfett, bakterizid, stärkt Immunsystem, beugt Krebs vor, stärkt Magen, löst Stagnation, fördert Gewichtsabnahme, hilft bei Appetitlosigkeit, Blähungen, Bluthochdruck, Depressionen, Diabetes, Durchfall.

Anzahl Portionen: 5
Kalorien p. Portion 48
Gramm p. Portion 240,6
Kochdauer ca. 2-3 Stunden
Allergene: L
(Kohlehydrat:71,3% / Eiweiß & Fett:28,7%)
100g.≈ Eiweiß 1,57g. Fett:1,31g.
µg. - Ph:4,86 Na:3,67 Ka:25,68 Mg:1,8 Ca:6,32 Fe:0,1 Zn:0,01 Col.:0 Hsr.:2,78

Zutaten:
Olivenöl 1 EL / 4g. (wenig)
Zwiebel weiss 1 Stück / 60g. (ja)
Karotte (Mohrrübe, Möhre) 3 Stück / 200g. (ja)
Pastinake 150 g. / 150g. (empfehlenswert)
Sellerie Knolle 1 Tasse / 100g. (ja)
Ingwer frisch 1/2 TL / 2g. (ja)
Zitrone 1/2 Stück / 25g. (ja)
Wacholderbeere 6 Stück / 6g. (ja)
Thymian getrocknet 1 Prise / 1g. (ja)
Liebstöckel 1 EL / 3g. (ja)
Lorbeerblatt 2 Blätter / 1g. (ja)
Salz 1 Prise / 1g. (wenig)
Wasser 3/4 Liter / 650g. (ja)

Kochanleitung:
Gemüse würfelig schneiden. Öl in einem Topf erhitzen, die Zwiebel und das Gemüse darin anbraten, Ingwer und Lorbeer zugeben. Mit kaltem Wasser aufgießen, Zitronensaft zufügen und mit Wacholder, Thymian und Liebstöckel würzen. 2-3 Std. auf kleiner Stufe zugedeckt köcheln lassen. Brühe durch ein Sieb streichen und im Kühlschrank aufbewahren. Sie dient als Suppengrundlage und verfeinert Gemüse, Hülsenfrüchte oder Getreide.

3.46 Grundrezept für eine Reissuppe

Niedriger Fettgehalt, zur Entwässerung des Körpers bei Übergewicht und Bluthochdruck.

Anzahl Portionen: 3
Kalorien p. Portion   140
Gramm p. Portion   273,33
Kochdauer ca.   2-4 Stunden
(Kohlehydrat:89,71% / Eiweiß & Fett:10,29%)
100g.≈ Eiweiß 2,96g. Fett:0,48g.
µg. - Ph:5,85 Na:0,58 Ka:5,02 Mg:3,41 Ca:1,72 Fe:0,03 Zn:0,02 Col.:0 Hsr.:6,34

Zutaten:
Reis Sorte beliebig 1 Tasse / 120g. (empfehlenswert)
Wasser 6 Tassen / 700g. (ja)

Kochanleitung:
Man kocht Reis und Wasser in einem Verhältnis von etwa 1:6. Die Menge des Wassers bestimmt die Dicke des Breis (reine Geschmackssache). Der Reis quillt unwahrscheinlich auf, nehmen Sie also nicht viel. Geben Sie den Reis in einen Topf mit einem schweren Deckel. Wichtig ist, den Reis nach kurzem Aufkochen nur auf kleinster Stufe köcheln zu lassen, da er sonst anbrennt. Kochen Sie den Reis 2-4 Stunden. Je länger er kocht, desto stärkender wirkt er. Wenn Sie das Gericht zum Frühstück essen möchten, können Sie den Reis auch kurz vor dem Zubettgehen aufsetzen. Sicherheitshalber sollten Sie vorher einmal unter Beobachtung für eine ähnlich lange Zeit das Verhalten Ihres Topfes und Herdes prüfen, damit nichts anbrennt.

3.47 Haferflocken mit aromatischen Gewürzen

Stoppt Durchfall, fördert Verdauung, Appetit anregend, harmonisiert Magen, lindert Durchfall, stärkt Abwehrkraft, wirkt entgiftend und stimuliert das Immunsystem. Alginsäure kann zur Entgiftung des Darmes beitragen.

Anzahl Portionen: 3
Kalorien p. Portion   281
Gramm p. Portion   208
Kochdauer ca.   25 min.
Allergene: AH
(Kohlehydrat:69,06% / Eiweiß & Fett:30,94%)
100g.≈ Eiweiß 6,74g. Fett:10,73g.
µg. - Ph:33,91 Na:2,34 Ka:51,76 Mg:12,79 Ca:8,03 Fe:0,44 Zn:0,11 Col.:0 Hsr.:12,35

Zutaten:
Hafer Flocken (Vollkorn) 1 Tasse / 125g. (empfehlenswert)
Walnüsse 1 EL / 15g. (wenig)
Haselnüsse 1 EL / 15g. (wenig)
Wasser 2 Tassen / 240g. (ja)
Wakame 2 cm. / 2g. (ja)
Apfel (süß) 1 Stück / 220g. (empfehlenswert)
Kardamom 3-4 Kapseln / 2g. (ja)
Zitronenmelisse (frisch) 3-4 Blätter / 3g. (ja)
Acerola Fruchtnektar oder Pulver 1 TL / 2g. (empfehlenswert)

Kochanleitung:
Haferflocken und Nüsse rösten und mit heißem Wasser aufgießen. Kardamom und Wakame 20 Min. darin kochen. Geriebenen Apfel, Acerola und Zitronenmelisse zugeben.

3.48 Hirse mit Shiitakepilzen und Avocado

Hilft bei Entzündungen, Schwellungen und Schmerzen. Stärkt Milz und Nieren, harntreibend, regt Verdauung an, aufbauend, augenstärkend, entgiftend, gewebestärkend, nervenstärkend.

Anzahl Portionen: 2
Kalorien p. Portion 558
Gramm p. Portion 302,25
Kochdauer ca. 20 Min.
Allergene: G
(Kohlehydrat:56,63% / Eiweiß & Fett:43,37%)
100g.≈ Eiweiß 10,67g. Fett:32,28g.
µg. - Ph:42,24 Na:2,55 Ka:113,37 Mg:24,26 Ca:7,3 Fe:1,06 Zn:0,22 Col.:1,49 Hsr.:29,53

Zutaten:
Hirse 1 Tasse / 120g. (empfehlenswert)
Wasser 2 Tassen / 200g. (ja)
Shiitake, getrocknet 25 g. / 25g. (empfehlenswert)
Ingwer frisch 1/2 TL / 2g. (ja)
Pfeffer gemahlen 1 Prise / 0,5g. ()
Salz 1 Prise / 1g. (wenig)
Petersilie 1 EL / 7g. (empfehlenswert)
Paprika (Rosenpaprikapulver) 1 Prise / 1g. (ja)
Butter Bio 1 EL / 15g. (wenig)
Avocado 1 Stück / 200g. (empfehlenswert)
Zitrone Saft 1 Schuss / 3g. (ja)
Rucola Rauke 2 Handvoll / 30g. ()

Kochanleitung:
Die Hirse in einen Topf mit heißem streuen, in Streifen geschnittene Shiitakepilze und etwas Ingwer dazugeben und gar köcheln. Eine Prise gemahlenen Pfeffer, etwas Salz, reichlich Petersilie, eine Prise Rosenpaprika und ein Stück Butter unterrühren. Währenddessen: ½ Avocado pro Portion auf einer Tellerhälfte anrichten, mit etwas gemahlem Pfeffer und einer kleinen Prise Salz bestreuen, mit Zitronensaft beträufeln und etwas kleingeschnittenen Rucola oder Rosenpaprika darüberstreuen und das Hirsegericht auf die andere Tellerhälfte verteilen.

3.49 Hühnersuppe mit Angelikawurzel und Bocksdornfrüchten

Stärkt Knochenmark und Immunsystem, senkt Blutdruck und Blutzuckerspiegel, bakterizid, beugt Krebs vor, reduziert Strahlenverletzungen, fördert Schwitzen, löst Stagnation, hilft bei Appetitlosigkeit und Blähungen.

Anzahl Portionen: 3
Kalorien p. Portion 77
Gramm p. Portion 185
Kochdauer ca. 1 1/2 Stunden
Allergene: LO
(Kohlehydrat:85% / Eiweiß & Fett:15%)
100g.≈ Eiweiß 10,36g. Fett:0,63g.
µg. - Ph:1,83 Na:3,54 Ka:3,38 Mg:10,3 Ca:28,21 Fe:0,09 Zn:0,01 Col.:0,19 Hsr.:0,83

Zutaten:
Grundrezept für eine Hühnerbrühe 1/2 Liter / 500g. (empfehlenswert)
Angelikawurzel 5 g. / 5g. (ja)
Bocksdornfrüchte (Fructus Lycii) getrocknet 50 g. / 50g. (ja)

Kochanleitung:
Hühnerbrühe (nach Grundrezept) verwenden und in den letzten 40 Min. Angelikawurzel und Bocksdornfrüchte mitkochen.

3.50 Hühnersuppe mit Grünkern

Stärkt Blut, baut Milz und Magen auf, stärkt Knochenmark, senkt Blutdruck, bakterizid, stärkt Immunsystem, regt Leberfunktion an, entgiftet, fördert Durchblutung, verbessert Medikamentenwirkung, regt Appetit an.

Anzahl Portionen: 2
Kalorien p. Portion 150
Gramm p. Portion 273
Kochdauer ca. 1 1/2 Stunden
Allergene: AL
(Kohlehydrat:84% / Eiweiß & Fett:16%)
100g.≈ Eiweiß 17,19g. Fett:1,3g.
µg. - Ph:9,83 Na:8,28 Ka:15,94 Mg:25,41 Ca:66,21 Fe:0,3 Zn:0,08 Col.:0,45 Hsr.:3,87

Zutaten:
Grundrezept für eine Hühnerbrühe 1/2 Liter / 500g. (empfehlenswert)
Grünkern 4 EL / 30g. (empfehlenswert)
Petersilie 2 EL / 14g. (empfehlenswert)
Sake 1 Schuss / 2g. (ja)

Kochanleitung:
Die Zutaten in der erhitzten Suppe 10 Min. ziehen lassen.

3.51 Japanische Algensuppe

Nährt Nieren-Yin, kühlt Hitze, löst Verhärtungen. Senkt Blutdruck, bakterizid, stärkt Immunsystem, beugt Krebs vor, reduziert Strahlenverletzungen, fördert Verdauung, entgiftet und stimuliert das Immunsystem.

Anzahl Portionen: 3
Kalorien p. Portion 47
Gramm p. Portion 261,67
Kochdauer ca. 20 Min.
(Kohlehydrat:70% / Eiweiß & Fett:30%)
100g.≈ Eiweiß 3,01g. Fett:0,64g.
µg. - Ph:3,46 Na:14,26 Ka:12,31 Mg:1,31 Ca:2,98 Fe:0,08 Zn:0,03 Col.:0 Hsr.:1,16

Zutaten:
Wakame 25 g. / 25g. (ja)
Wasser 1/2 Liter / 450g. (ja)
Zwiebel Schalotte 1-2 Stk. / 30g. (ja)
Rettich (weiß, grün, lila-rot) 50 g. / 50g. (ja)
Karotte (Mohrrübe, Möhre) 2 Stück / 180g. (ja)
Miso 2 EL / 20g. (ja)
Petersilie 2 EL / 20g. (empfehlenswert)
Zwiebel Frühlingszwiebel 1 EL geschnitten / 10g. (ja)

Kochanleitung:
Wakame einige Minuten in Wasser einweichen, herausnehmen und das Wasser zum Kochen bringen. Fein geschnittene Zwiebeln und in feine Streifen geschnittene Wakame, Rettich und Karotten zugeben und weitere 10 Min. köcheln. Miso in etwas abgekühltem Kochwasser lösen und am Ende dazugeben. Mit Petersilie und Frühlingszwiebeln bestreuen.

3.52 Karotten- Reisschleimsuppe

Gegen Durchfall, bei Fieber, bakterizid, stärkt Immunsystem, senkt Blutdruck.
Anzahl Portionen: 1
Kalorien p. Portion 101
Gramm p. Portion 224
Kochdauer ca. 10 Min.
(Kohlehydrat:96% / Eiweiß & Fett:4%)
100g.≈ Eiweiß 2,37g. Fett:0,4g.
µg. - Ph:27,48 Na:20,34 Ka:65,63 Mg:170,89 Ca:178,57 Fe:1,03 Zn:0,34 Col.:0 Hsr.:12,3

Zutaten:
Grundrezept für eine Reissuppe 1 Tasse / 120g. (empfehlenswert)
Karotte (Mohrrübe, Möhre) 2 Stück / 100g. (ja)
Salz 1 TL / 4g. (wenig)

Kochanleitung:
Karotten schälen und reiben. Die Reissuppe aufkochen und die geriebenen Karotten sowie Salz zufügen. 10 Min. kochen.

3.53 Karotten-Kartoffel-Rucola Brötchen

Lindert Entzündungen, verbessert Verdauung, stärkt Immunsystem, beugt Krebs vor, löst Verstopfung (ballaststoffreich), löst Stagnation.
Anzahl Portionen: 4
Kalorien p. Portion 94
Gramm p. Portion 116,25
Kochdauer ca. 20 Min.
Allergene: AG
(Kohlehydrat:55% / Eiweiß & Fett:45%)
100g.≈ Eiweiß 2,68g. Fett:2,83g.
µg. - Ph:4,15 Na:4,56 Ka:16,7 Mg:1,23 Ca:1,78 Fe:0,06 Zn:0,03 Col.:0,25 Hsr.:1,27

Zutaten:
Kartoffel (mehlige) 200 g / 200g. (ja)
Karotte (Mohrrübe, Möhre) 1 Stück / 50g. (ja)
Sauerrahm 15% Fett 3 EL / 45g. (wenig)

Zwiebel Frühlingszwiebel 1 Stück / 20g. (ja)
Rucola Rauke 1/2 Bund / 100g. ()
Zitrone Schale 1/4 TL / 1g. (ja)
Salz 1 Prise / 1g. (wenig)
Pfeffer gemahlen 1 Prise / 0,2g. ()
Vollkornbrot 8 Scheiben / 48g. (empfehlenswert)

Kochanleitung:
Kartoffeln in der Schale weich kochen, abziehen und durch die Kartoffelpresse drücken. Gemüsebrühe nach Grundrezept kochen und eine Karotte nach kurzer Garzeit herausnehmen und mit der Gabel fein zerdrücken. Kartoffeln, Karotten, abgeriebene Zitronenschale und Sauerrahm zu einer glatten Creme verrühren. Karotten-Kartoffel-Creme mit fein geschnittenem Rucola verrühren. Den Aufstrich mit Salz und Pfeffer abschmecken und die Brote bestreichen. Mit den fein geschnittenen Jungzwiebeln bestreuen.

3.54 Karotten-Risotto

Stärkt Immunsystem, beugt Krebs vor, löst Stagnation, regt Leberfunktion an. Gut bei Appetitlosigkeit, Blähungen, Bluthochdruck, Depressionen, Diabetes, Durchfall.

Anzahl Portionen: 2
Kalorien p. Portion 308
Gramm p. Portion 340,8
Kochdauer ca. 45 Min.
Allergene: GL
(Kohlehydrat:83,67% / Eiweiß & Fett:16,33%)
100g.≈ Eiweiß 8,5g. Fett:5,99g.
µg. - Ph:27,11 Na:19,13 Ka:58,22 Mg:32,31 Ca:116,16 Fe:0,67 Zn:0,11 Col.:0,3 Hsr.:14,66

Zutaten:
Olivenöl 1/2 EL / 5g. (wenig)
Zwiebel Frühlingszwiebel 2 EL / 7g. (ja)
Muskatnuss 1 Prise / 0,3g. (ja)
Petersilie 1/2 Bund / 25g. (empfehlenswert)
Reis Sorte beliebig 100 g. / 100g. (empfehlenswert)
Karotte (Mohrrübe, Möhre) 250 g. / 250g. (ja)
Grundrezept für eine Gemüsebrühe 300 ml. / 280g. (empfehlenswert)
Fenchelsamen gemahlen 1/4 TL / 1g. (ja)
Basilikum (frisch) 1/2 TL / 2g. (ja)
Salz 1 Prise / 1g. (wenig)
Pfeffer gemahlen 1 Prise / 0,3g. ()
Parmesan 1 EL / 10g. (wenig)

Kochanleitung:
In einer flachen Pfanne das Öl erhitzen, die Zwiebeln darin glasig und sehr weich dünsten. Petersilie zugeben und kurz andünsten. Reis, Karotten und Muskat zufügen und unter Rühren kurz andünsten. Mit der Gemüsebrühe aufgießen, mit Fenchel und Basilikum würzen, alles zum Kochen bringen und ca. 20 Min. kochen, bis Reis und Karotten gut durch sind. Dabei ab und zu umrühren und bei Bedarf etwas Gemüsebrühe nachgießen. Das Risotto soll leicht suppig sein. Kurz vor Ende der Garzeit den Weißwein untermischen und das Risotto noch kurz aufköcheln lassen, dann vom Herd nehmen und Parmesan untermischen.

3.55 Kohlrabi in Kerbelsoße mit Kartoffeln

Lindert Entzündungen, senkt Cholesterinspiegel, harntreibend, leitet Darmwinde ab, stärkt Immunsystem, beugt Krebs vor, fördert Gewichtsabnahme. Gut bei Appetitlosigkeit, Blähungen, Bluthochdruck, Depressionen, Diabetes, Durchfall.

Anzahl Portionen: 4
Kalorien p. Portion 188
Gramm p. Portion 316,85
Kochdauer ca. 1 Stunde
Allergene: GL
(Kohlehydrat:79,34% / Eiweiß & Fett:20,66%)
100g.≈ Eiweiß 8,67g. Fett:2,51g.
µg. - Ph:11,79 Na:4,12 Ka:100,2 Mg:13,9 Ca:60,61 Fe:0,16 Zn:0,02 Col.:0,06 Hsr.:3,63

Zutaten:
Kartoffel 6 Stück / 450g. (ja)
Grundrezept für eine Gemüsebrühe 300 ml. / 300g. (empfehlenswert)
Kartoffel 100 g. / 100g. (ja)
Muskatnuss 1 Prise / 0,2g. (ja)
Zitrone Schale 1/2 TL / 2g. (ja)
Ingwer frisch 1/2 TL / 2g. (ja)
Liebstöckel 1/2 TL / 2g. (ja)
Kohlrabi 300 g. / 300g. (empfehlenswert)
Salz 1 Prise / 1g. (wenig)
Pfeffer gemahlen 1 Prise / 0,2g. ()
Sauerrahm 15% Fett 3 EL / 30g. (wenig)
Kerbel getrocknet 1 Bund / 80g. (empfehlenswert)

Kochanleitung:
Die 6 Kartoffeln in Salzwasser weich kochen. Die Hälfte der Gemüsebrühe zum Kochen bringen. 100G gewürfelte Kartoffeln, Muskat, Zitronenschale, Ingwer und Liebstöckel dazugeben. Kartoffeln zugedeckt ca. 10 Min. weich kochen und alles mit dem Mixstab zu einer glatten Soße pürieren. Restliche Gemüsebrühe zum Kochen bringen. Kohlrabi in Würfel schneiden, zufügen und zugedeckt ca. 8 Min. kochen. Die Kartoffelsoße unterrühren und alles kurz erhitzen. Mit dem Mixstab Kerbel und Sauerrahm fein pürieren. Die Kerbelcreme mit dem Kohlrabigemüse vermischen und mit den gekochten und geschälten Kartoffeln anrichten.

3.56 Kompott aus Äpfeln

Apfel (süß) stoppt Durchfall, fördert Verdauung, regt Appetit an, harmonisiert Magen, erwärmt Magen und Milz, fördert Durchblutung.
Anzahl Portionen: 2
Kalorien p. Portion 67
Gramm p. Portion 220,5
Kochdauer ca. 10 Min.
(Kohlehydrat:95,64% / Eiweiß & Fett:4,36%)
100g.≈ Eiweiß 0,24g. Fett:0,46g.
µg. - Ph:2,81 Na:1,03 Ka:36,45 Mg:1,81 Ca:4,33 Fe:0,13 Zn:0,03 Col.:0 Hsr.:3,74

Zutaten:
Apfel (süß) 1 Stück / 220g. (empfehlenswert)
Wasser 2 Tassen / 220g. (ja)
Zimtpulver 1 Prise / 1g. (ja)

Kochanleitung:
Bio-Apfel mit Schalen und Kernen klein geschnitten im Wasser weich kochen und mit Zimt bestreuen.

3.57 Kürbiscurry

Fördert Verdauung und Schwitzen, löst Stagnation, reduziert Wind, stärkt Lunge und Milz, reduziert Blutzucker, stärkt Magen, Verdauungssystem, Muskeln und Knochen, ist harntreibend und entgiftend.
Anzahl Portionen: 3
Kalorien p. Portion 193
Gramm p. Portion 251
Kochdauer ca. 20 Min.
(Kohlehydrat:63% / Eiweiß & Fett:37%)
100g.≈ Eiweiß 2,72g. Fett:10,61g.
µg. - Ph:5,14 Na:0,86 Ka:16,34 Mg:2,68 Ca:2,29 Fe:0,06 Zn:0,02 Col.:0 Hsr.:1,54

Zutaten:
Kürbis 300 g. / 300g. (ja)
Olivenöl 2 EL / 30g. (wenig)
Koriander 1 Prise / 1g. (ja)
Pfeffer gemahlen 1 Prise / 0,5g. ()
Curry 1 Prise / 1g. (ja)
Wasser 50 ml / 50g. (ja)
Salz 1 Prise / 1g. (wenig)
Petersilie 1 EL / 7g. (empfehlenswert)
Kardamom 1 Prise / 1g. (ja)
Kurkuma (Gelbwurz) 1 Prise / 1g. (empfehlenswert)
Reis Vollkorn 1/2 Tasse / 60g. (empfehlenswert)
Wasser 3 Tassen / 300g. (ja)
Salz 1 Prise / 1g. (wenig)

Kochanleitung:
Olivenöl in einer Pfanne erhitzen, in Würfel geschnittenen Kürbis darin andünsten, mit Koriander, Pfeffer und Curry würzen und mit wenig Wasser ablöschen. Meersalz zufügen, klein geschnittene Petersilie zugeben und mit Kardamom und Kurkuma abrunden. Auf kleinem Feuer ca. 10 Min. je nach Kürbisart köcheln; er sollte noch bissfest sein. Den Reis in gesalzenem Wasser aufkochen und auf kleiner Stufe ca. 15 Min. quellen lassen.

3.58 Kuzuwasser

Enthält viele Vitamine und Mineralstoffe. Zur Stärkung der Darmflora, besonders nach Antibiotikaeinnahme. Beruhigt die Magenschleimhaut und schützt den Magen.
Anzahl Portionen: 1
Kalorien p. Portion   7
Gramm p. Portion   122
Kochdauer ca.   5 Min.
(Kohlehydrat:99,17% / Eiweiß & Fett:0,83%)
100g.≈ Eiweiß 0g. Fett:0,01g.
µg. - Ph:0 Na:0,98 Ka:0 Mg:0,98 Ca:4,92 Fe:0,01 Zn:0,1 Col.:0 Hsr.:0

Zutaten:
Kuzu 1/2 TL / 2g. (ja)
Wasser 1 Tasse / 120g. (ja)

Kochanleitung:
Kuzu zerstoßen, mit lauwarmem Wasser aufgießen und kurz ziehen lassen, bis eine milchige Flüssigkeit entsteht. Dann abseihen.

3.59 Lammgeschnetzeltes mit Rosmarinkartoffeln

Verbessert Verdauung, regeneriert Haut, harntreibend, senkt Cholesterinspiegel und Blutdruck, bakterizid, stärkt Immunsystem, stärkt Magen-Darm-Funktion, erweitert Blutgefäße.

Anzahl Portionen: 4
Kalorien p. Portion 461
Gramm p. Portion 352,25
Kochdauer ca. 1 Stunde
Allergene: LO
(Kohlehydrat:28% / Eiweiß & Fett:72%)
100g.≈ Eiweiß 25,64g. Fett:27,86g.
µg. - Ph:6,56 Na:8,3 Ka:15,83 Mg:1,28 Ca:1,44 Fe:0,08 Zn:0,12 Col.:1,75 Hsr.:4,74

Zutaten:
Lamm Fleisch 450 - 500 g. / 500g. (ja)
Olivenöl 2 EL / 20g. (wenig)
Zwiebel weiss 1 Stück / 50g. (ja)
Knoblauch 1 Zehe / 2g. (empfehlenswert)
Muskatnuss 1 Prise / 0,2g. (ja)
Karotte (Mohrrübe, Möhre) 3 Stück / 150g. (ja)
Sellerie Knolle 1/4 Knolle / 120g. (ja)
Rosmarin 1 Zweig / 3g. (ja)
Bohnenkraut 1 TL / 2g. (ja)
Petersilie 1 EL / 8g. (empfehlenswert)
Paprika (Rosenpaprikapulver) 1 Prise / 2g. (ja)
Rotwein 1/8 Liter / 125g. (wenig)
Salz Kräutersalz 1 Prise / 1g. (wenig)
Zitrone Saft 1/2 Stück / 15g. (ja)
Preiselbeere 1 EL / 10g. (ja)
Kartoffel 6 Stück / 400g. (ja)

Kochanleitung:
Lammfleisch in Streifen, Karotten und Sellerie in kleine Würfel schneiden. Olivenöl in der Pfanne erhitzen, Lammfleisch darin anbraten, geschnittene Zwiebeln und Knoblauch zugeben, salzen und mit wenig Wasser und dem Rotwein ablöschen. Petersilie, Paprika, klein geschnittenen Rosmarin, Beifuß, Bohnenkraut, Karotten und Sellerie zugeben und auf kleiner Stufe ca. 35 Min. köcheln lassen. Abschmecken mit Pfeffer, Muskat und evtl. noch mal Salz und Paprika. Wenig Zitronensaft zugeben und Preiselbeeren unterziehen. Kartoffeln der Länge nach halbieren, wenig Olivenöl auf die Schnittflächen streichen, salzen, 2-3 Rosmarinnadeln auf jede halbe Kartoffel streuen, auf Backblech setzen und im vorgeheizten Backofen ca. 25 Min. bei 190 Grad backen.

3.60 Linsen-Reis-Eintopf

Ist sehr nahrhaft, stärkt Herz, Milz und Nieren, senkt Blutdruck, bakterizid, harntreibend, beruhigt den Magen, fördert Verdauung, stärkt Immunsystem. Gut bei Durchblutungsstörungen, Thrombose, Emboliegefahr, Bluthochdruck, Kopfschmerzen.

Anzahl Portionen: 3
Kalorien p. Portion 232
Gramm p. Portion 306,67
Kochdauer ca. 25 Min.
Allergene: LNO
(Kohlehydrat:79% / Eiweiß & Fett:21%)
100g.≈ Eiweiß 5,19g. Fett:5,04g.
µg. - Ph:3,63 Na:1,18 Ka:8,86 Mg:1,61 Ca:2,12 Fe:0,07 Zn:0,03 Col.:0,02 Hsr.:4,92

Zutaten:
Linsen (Helmbohnen) 100 g. / 100g. (ja)
Wasser 5 Tassen / 500g. (ja)
Reis Sorte beliebig 1 Tasse / 120g. (empfehlenswert)
Sesamöl 1 EL / 10g. (wenig)
Karotte (Mohrrübe, Möhre) 2 Stück / 150g. (ja)
Sellerie Stangensellerie 2 Stangen / 20g. (ja)
Cumin (Kreuzkümmel) 1 Prise / 0,2g. (ja)
Salz 1 Prise / 0,5g. (wenig)
Essig (Apfelessig) 1 Schuss / 2g. (ja)
Petersilie 2 EL / 18g. (empfehlenswert)

Kochanleitung:
Linsen am Vortag einweichen. Sesamöl in einem Topf erhitzen. Karotte und Stangensellerie klein schneiden und darin anbraten. Reis, eine Prise Cumin und Linsen dazugeben und aufkochen. Wenn die Linsen weich sind, Salz zugeben, mit etwas Essig abschmecken und mit Petersilie garnieren. Variante: Im Sommer kann man das Cumin weglassen und frische grüne Erbsen oder Chinakohl verwenden.

3.61 Marinierte Zucchini mit Räuchertofu

Lindert Blähungen, chronische Diarrhö, Magenblutung und Verdauungsstörungen. Wirkt entkrampfend und beruhigend.

Anzahl Portionen: 2
Kalorien p. Portion 132
Gramm p. Portion 291
Kochdauer ca. 30 Min.
Allergene: EL
(Kohlehydrat:38% / Eiweiß & Fett:62%)
100g.≈ Eiweiß 6,74g. Fett:8,13g.
µg. - Ph:9,58 Na:1,33 Ka:40,91 Mg:10,79 Ca:19,58 Fe:0,37 Zn:0,06 Col.:0 Hsr.:6,39

Zutaten:
Zucchini 400 g. / 400g. (ja)
Salz 1 Prise / 1g. (wenig)
Zitrone Saft 2 EL / 15g. (ja)
Grundrezept für eine Gemüsebrühe 3 EL / 30g. (empfehlenswert)
Olivenöl 1 EL / 10g. (wenig)
Basilikum 2 EL / 10g. (ja)
Oregano frisch 1/2 TL / 2g. (ja)
Pfefferminze 1 TL / 4g. (ja)
Kapern (eingelegt) 1 EL / 8g. (ja)
Zitrone Schale 1/2 TL / 2g. (ja)
Soja Tofu geräuchert 100 g. / 100g. (ja)

Kochanleitung:
Ofen auf 200 Grad (Umluft 180) vorheizen. Ein Backblech mit Backpapier belegen und die in Scheiben geschnittenen Zucchini nebeneinander darauf legen. Zucchini im vorgeheizten Ofen 5 Min. garen, umdrehen und noch weitere 5-6 Min. garen. Mit dem Schneebesen Zitronensaft, Gemüsebrühe und Öl vermischen. Basilikum, Oregano, Minze, gehackte Kapern und geriebene Zitronenschale unterrühren und die Marinade mit Salz abschmecken. Die heißen Zucchini mit der Marinade vermischen und abkühlen lassen. Marinierte Zucchini mit Räuchertofu-Würfeln anrichten.

3.62 Müsli mit Acaipulver

Ballaststoffreich, lindert Verstopfung, stärkt Abwehrkraft, reguliert Verdauung, stärkt Magen, fördert Gewichtsabnahme. Hilft bei Abwehrschwäche und Appetitlosigkeit.

Anzahl Portionen: 1
Kalorien p. Portion 391
Gramm p. Portion 313
Kochdauer ca.   2 Stunden
Allergene: AGH
(Kohlehydrat:70% / Eiweiß & Fett:30%)
100g.≈ Eiweiß 9,5g. Fett:13,28g.
µg. - Ph:87,36 Na:21,82 Ka:192,13 Mg:28,22 Ca:51,14 Fe:0,78 Zn:0,5 Col.:3,58 Hsr.:26,34

Zutaten:
Müsli 2 EL / 20g. (ja)
Hafer Flocken (Vollkorn) 2 EL / 20g. (empfehlenswert)
Joghurt (natur, 3,5 % Fett) 6 EL / 80g. (wenig)
Zitrone 1 EL / 10g. (ja)

Acerola Fruchtnektar oder Pulver 1/2 TL / 1g. (empfehlenswert)
Acaipulver 1 TL / 2g. (empfehlenswert)
Apfel (sauer) 1 Stück / 170g. (empfehlenswert)
Haselnüsse 1 EL / 10g. (wenig)

Kochanleitung:
Haferflocken im Joghurt einige Stunden im Kühlschrank einweichen. Nüsse reiben, Zitronensaft, Acerola- und Acaipulver und geriebenen Apfel hinzugeben. Zum Süßen können Rosinen verwendet werden.

3.63 Nudeln mit Putenfleisch und Ananas

Bakterizid, löst Gallen-, Nieren- und Blasensteine, liefert Vitamin C, stärkt Blut, baut Milz und Magen auf, stärkt Knochenmark, lindert Entzündungen, harntreibend.

Anzahl Portionen: 4
Kalorien p. Portion 292
Gramm p. Portion 333,12
Kochdauer ca. 45 Min.
Allergene: ACGL
(Kohlehydrat:53,34% / Eiweiß & Fett:46,66%)
100g.≈ Eiweiß 17,59g. Fett:11,45g.
µg. - Ph:22,17 Na:12,05 Ka:50,8 Mg:7,11 Ca:16,79 Fe:0,18 Zn:0,05 Col.:0,98 Hsr.:12,27

Zutaten:
Nudeln (Vollkorn) mit Ei 200 g / 200g. (ja)
Ananas 200 g / 200g. (ja)
Wasser 100 ml. / 50g. (ja)
Pute Brustfleisch 200 g / 200g. (ja)
Rapsöl 1 EL / 12g. (wenig)
Knoblauch 1 Stück / 2g. (empfehlenswert)
Grundrezept für eine Gemüsebrühe 100 ml. / 100g. (empfehlenswert)
Kuhmilch (Vollmilch 3,5 % Fett) 180 ml. / 180g. (wenig)
Frischkäse 75 g. / 75g. (wenig)
Curry 3 tl / 6g. (ja)
Salz 1 Prise / 1g. (wenig)
Pfeffer gemahlen 1 Prise / 0,5g. ()
Granatapfel 1 Stück / 300g. (ja)
Kokosflocken 1 EL / 6g. (wenig)

Kochanleitung:
Die Nudeln in Salzwasser gar kochen. Die Ananas würfelig schneiden und 5 Min. in Wasser köcheln. Das in Streifen geschnittene Fleisch in Öl anbraten, den gehackten Knoblauch und die in Stücke geschnittene Ananas zufügen, etwa 50 ml vom Ananassaft zugeben und die

Gemüsebrühe einrühren. Die Milch und den Frischkäse einrühren, bis er sich vollständig aufgelöst hat. Nun den Curry dazugeben und ein paar Minuten köcheln lassen, bis eine cremige Konsistenz erreicht ist. Mit Salz und Pfeffer abschmecken. Jetzt die Nudeln in die fertige Soße geben. Den Granatapfel aufschneiden und die Kerne auslösen. Beliebig viele Kerne auf den angerichteten Nudeln verteilen. Wer mag, kann Kokosraspeln darüber streuen.

3.64 Paprika-Tomatenreis

Cholesterin-, eiweiß- und fettarm, stärkt Magen, löst Stagnation, fördert Gewichtsabnahme. Gut bei Abwehrschwäche, Appetitlosigkeit, Blähungen, Bluthochdruck, Diabetes, Depressionen.

Anzahl Portionen: 3
Kalorien p. Portion   291
Gramm p. Portion   324
Kochdauer ca.   25 Min.
Allergene: L
(Kohlehydrat:89% / Eiweiß & Fett:11%)
100g.≈ Eiweiß 7,63g. Fett:2,54g.
µg. - Ph:10,3 Na:1,31 Ka:15,5 Mg:9,5 Ca:22,5 Fe:0,14 Zn:0,06 Col.:0 Hsr.:4,12

Zutaten:
Zwiebel weiss 1 Stück / 50g. (ja)
Paprika 4 stück / 120g. (ja)
Lorbeerblatt 2 Stück / 1g. (ja)
Nelke 2 Stück / 1g. (ja)
Grundrezept für eine Gemüsebrühe 400 g. / 400g. (empfehlenswert)
Reis Vollkorn 200 g / 200g. (empfehlenswert)
Champignon 60 g. / 60g. (ja)
Petersilie 20 g. / 20g. (empfehlenswert)
Pfeffer gemahlen 1 Prise / 0,2g. ()
Paprika (Rosenpaprikapulver) 1 Prise / 0,2g. (ja)
Tomate 120 g. / 120g. (ja)

Kochanleitung:
Die Zwiebel fein würfeln und die Paprika in feine Streifen schneiden. Margarine in einem Topf erhitzen, Zwiebel und Paprika sowie Reis darin andünsten und mit der Gemüsebrühe aufgießen. Nelken und Lorbeerblätter dazugeben und im geschlossenen Topf ca. 20 Min. ausquellen lassen. Das Tomatenfleisch in 1 cm große Würfel schneiden und 5 Min. vor Garzeitende zum Reis geben.

3.65 Petersilien-Cremesoße

Senkt Blutdruck, stärkt Immunsystem, stärkt Magen, löst Stagnation, verbessert Verdauung, senkt Cholesterinspiegel, regt Leberfunktion an, entgiftet.
Anzahl Portionen: 2
Kalorien p. Portion 118
Gramm p. Portion 234
Kochdauer ca. 25 Min.
Allergene: GL
(Kohlehydrat:81% / Eiweiß & Fett:19%)
100g.≈ Eiweiß 2,91g. Fett:5,51g.
µg. - Ph:9,31 Na:4,41 Ka:34,59 Mg:20,78 Ca:79,47 Fe:0,2 Zn:0,07 Col.:1,12 Hsr.:1,84

Zutaten:
Grundrezept für eine Gemüsebrühe 300 g. / 300g. (empfehlenswert)
Kartoffel 100 g. / 100g. (ja)
Petersilie 1 Bund / 15g. (empfehlenswert)
Muskatnuss 1 Prise / 0,5g. (ja)
Koriander 1/2 TL / 1g. (ja)
Sauerrahm 15% Fett 50 g. / 50g. (wenig)
Fenchelsamen gemahlen 1/2 TL / 1g. (ja)
Ingwer Pulver 1 Prise / 0,5g. (ja)

Kochanleitung:
Gemüsebrühe (nach Grundrezept) mit geschälten, gewürfelten Kartoffeln, der Hälfte der fein gehackten Petersilie und Muskat zum Kochen bringen. Zugedeckt köcheln lassen, bis die Kartoffeln weich sind. Mit dem Mixstab Gemüsebrühe, Kartoffeln, die restliche frisch gehackte Petersilie, Fenchel, Ingwer und Sauerrahm zu einer glatten Soße pürieren.

3.66 Polentaschnitte mit Ratatouille

Stärkt Magen und Milz, lässt Gallensaft fließen, harntreibend, fördert Verdauung, hilft Fett zu verdauen, senkt Blutdruck.
Anzahl Portionen: 4
Kalorien p. Portion 225
Gramm p. Portion 360,75
Kochdauer ca. 30 min
Allergene: G
(Kohlehydrat:66% / Eiweiß & Fett:34%)
100g.≈ Eiweiß 7,77g. Fett:7,86g.
µg. - Ph:2,23 Na:1,22 Ka:9,69 Mg:0,92 Ca:2,28 Fe:0,05 Zn:0,02 Col.:0,07 Hsr.:0,97

Zutaten:
Mais Gries (Polenta) 1 Tasse / 120g. (ja)
Wasser 2 Tassen / 240g. (ja)
Aubergine 1 Stück (große) / 200g. (ja)
Zucchini 2 Stück / 500g. (ja)
Zwiebel weiss 2 Stück / 120g. (ja)
Tomate 4 Stück (passiert) / 200g. (ja)
Olivenöl 2 EL / 20g. (wenig)
Salz 1 Prise / 0,5g. (wenig)
Petersilie 1 EL gehackte / 8g. (empfehlenswert)
Thymian 1/2 TL / 1g. (ja)
Zwiebel Frühlingszwiebel 2 EL gehackte / 12g. (ja)
Basilikum 4 Blätter / 2g. (ja)
Parmesan 2 EL / 20g. (wenig)

Kochanleitung:
Wasser im Verhältnis 2:1 mit Salz und Öl zum Kochen bringen und Polenta unter ständigem Rühren einrieseln lassen. Vom Herd nehmen und 20 Min. quellen lassen. Inzwischen geschnittene Zwiebel in Topf mit heißem Öl anbraten. Gewürfelte Zucchini, Tomaten und Aubergine zugeben und ca. 20 Min. dünsten. Basilikum, Thymian und Salz dazugeben. Blech mit Öl bestreichen, Polenta gleichmäßig auftragen und warten, bis es fester wird. Die Ratatouille auf Polenta verteilen, portionieren und für einige Minuten in den Backofen schieben, je nach Geschmack mit geriebenem Parmesan. Mit frischer Petersilie und fein geschnittenen Frühlingszwiebeln bestreuen. Der wertvolle Tipp: Die Polentaschnitten sind ideal für unterwegs.

3.67 Provenzalische Nudelpfanne

Fördert Durchblutung, lindert Entzündungen, lindert Schmerzen, stärkt Muskeln, Sehnen und Knochen, harntreibend.
Anzahl Portionen: 2
Kalorien p. Portion 195
Gramm p. Portion 283,5
Kochdauer ca. 45 Min.
Allergene: ACL
(Kohlehydrat:62% / Eiweiß & Fett:38%)
100g.≈ Eiweiß 12,83g. Fett:4,7g.
µg. - Ph:24,21 Na:3,49 Ka:42,72 Mg:11,18 Ca:16,82 Fe:0,37 Zn:0,31 Col.:1,61 Hsr.:24,25

Zutaten:
Nudeln (Vollkorn) mit Ei 200 g / 200g. (ja)
Aubergine 60 g. / 60g. (ja)
Zucchini 60 g. / 60g. (ja)
Paprika 50 g. / 50g. (ja)
Rind Fleisch 50 g. / 50g. (ja)
Knoblauch 2 Stück / 4g. (empfehlenswert)
Rapsöl 5 g. / 5g. (wenig)
Grundrezept für eine Gemüsebrühe 60 ml. / 60g. (empfehlenswert)
Tomatensaft 75 ml. / 75g. (empfehlenswert)
Oregano frisch 1 Prise / 1g. (ja)
Rosmarin 1 Prise / 1g. (ja)
Pfeffer gemahlen 1 Prise / 0,5g. ()
Salz 1 Prise / 0,5g. (wenig)

Kochanleitung:
Nudeln in reichlich Salzwasser bissfest kochen, abschrecken und abtropfen lassen. Gemüse waschen, Aubergine und Zucchini in Würfel schneiden, Paprikaschote entkernen, Rippe entfernen und in ca. 1 cm große Würfel schneiden. Knoblauch, gehacktes Rindfleisch und vorbereitetes Gemüse in erhitztem Öl andünsten, mit Gemüsebrühe und Tomatensaft aufgießen und fertig garen. Teigwaren zur Soße geben und untermengen. Das Ganze erwärmen und mit den Gewürzen und Salz abschmecken.

3.68 Putenbrust mit Gemüse (asiatisch)

Stärkt Blut, baut Milz und Magen auf, stärkt Knochenmark, löst Stagnation, fördert die Verdauung, kuriert Bluthochdruck, befeuchtet Lunge und Dickdarm, gut gegen Depressionen. Reis zur Entwässerung des Körpers bei Übergewicht und Bluthochdruck.

Anzahl Portionen: 2
Kalorien p. Portion 535
Gramm p. Portion 371
Kochdauer ca. 45 Min.
Allergene: AEN
(Kohlehydrat:54% / Eiweiß & Fett:46%)
100g.≈ Eiweiß 31,92g. Fett:18,02g.
µg. - Ph:27,73 Na:66,82 Ka:46,74 Mg:7,57 Ca:3,14 Fe:0,2 Zn:0,21 Col.:4,05 Hsr.:15,18

Zutaten:
Reis Sorte beliebig 1 Tasse / 120g. (empfehlenswert)
Wasser 6 Tassen / 240g. (ja)
Pute Brustfleisch 200 g / 200g. (ja)
Ingwer frisch 1 cm. / 3g. (ja)
Knoblauch 1 Stück / 2g. (empfehlenswert)
Sojasauce 2 EL / 20g. (wenig)
Weizen Mehl 2 TL / 15g. (ja)
Zwiebel Frühlingszwiebel 2 Stück / 40g. (ja)
Paprika 1/2 Stück / 10g. (ja)
Champignon 8 Stück / 30g. (ja)
Sesamöl 2 EL / 20g. (wenig)
Sojasauce 1 EL / 12g. (wenig)
Curry 1 Prise / 2g. (ja)
Kurkuma (Gelbwurz) 1 Prise / 2g. (empfehlenswert)
Chili (Schote oder gemahlen) 1 Prise / 1g. (ja)
Cashewnüsse 2 TL / 25g. (ja)

Kochanleitung:
Reis im Salzwasser gar kochen. Das Putenfleisch in schmale Streifen schneiden. Ingwer und Knoblauch schälen und würfeln und zusammen mit den Fleischstreifen in eine Schüssel geben. 1 EL Sojasoße mit der Weizenstärke vermischen und glattrühren. Danach über das Fleisch geben und alles 30 Min. marinieren. Frühlingszwiebeln und Paprika waschen, putzen und in kleine Stücke schneiden. Die Champignons putzen und vierteln.1 EL des Sesamöls in eine beschichtete Pfanne geben und das marinierte Putenfleisch scharf anbraten und warm stellen. Nun das restliche Öl in die Pfanne geben und das andere Gemüse darin anbraten. Das Fleisch dazugeben und mit Sojasoße und den Gewürzen abschmecken. Mit dem Reis anrichten. Die Cashewkerne vor dem Servieren über das Gericht streuen.

3.69 Quinoa pikant + Avocado

Hilft bei Entzündungen, Schwellungen, Schmerzen und Juckreiz. Senkt Blutdruck, erweitert Blutgefäße, bakterizid, stärkt Immunsystem und Magen-Darm-Funktion.
Anzahl Portionen: 2
Kalorien p. Portion 561
Gramm p. Portion 378,5
Kochdauer ca. 20 min.
(Kohlehydrat:44% / Eiweiß & Fett:56%)
100g.≈ Eiweiß 10,4g. Fett:39,86g.
µg. - Ph:5,12 Na:1,44 Ka:55,12 Mg:3,42 Ca:2,97 Fe:0,12 Zn:0,06 Col.:0 Hsr.:3,69

Zutaten:
Wasser 2 Tassen / 240g. (ja)
Quinoa 1 Tasse / 100g. (ja)
Karotte (Mohrrübe, Möhre) 1 Stück geraspelt / 100g. (ja)
Zwiebel Frühlingszwiebel 2 EL gehackte / 12g. (ja)
Avocado 1 Stück weiche / 300g. (empfehlenswert)
Salz 1 Prise / 0,5g. (wenig)
Pfeffer gemahlen 1 Prise / 0,2g. ()
Leinöl 2 TL / 4g. (wenig)

Kochanleitung:
Quinoa in heißes Wasser geben. Geraspelte Karotte, klein geschnittene Frühlingszwiebel sowie Kurkuma, Salz und Pfeffer dazugeben, 20 Min. köcheln lassen und beiseite stellen. Vorgeschnittene Avocado untermischen, einen Schuss Öl zugeben und mit frischer Petersilie und Gomasio bestreuen. Gewürze und Kräuter: Kurkuma, Kardamom, Kresse, Petersilie, Schnittlauch. Variation: Für die, die es deftiger mögen, kann auch eine Bio-Sardine aus der Konserve verwendet werden.

3.70 Reis mit gedämpftem Gemüse

Senkt Blutdruck, bakterizid, harntreibend, stärkt Immunsystem, beugt Krebs vor, reduziert Strahlenverletzungen. Gut bei Durchblutungsstörungen, Thrombose, Emboliegefahr, Kopfschmerzen, Herzinfarkt und Schlaganfall.

Anzahl Portionen: 2
Kalorien p. Portion   167
Gramm p. Portion   310,5
Kochdauer ca.   20 min
Allergene: L
(Kohlehydrat:82,32% / Eiweiß & Fett:17,68%)
100g.≈ Eiweiß 4,33g. Fett:2,26g.
µg. - Ph:16,63 Na:5,67 Ka:52,64 Mg:6,29 Ca:11,8 Fe:0,4 Zn:0,07 Col.:0 Hsr.:12,64

Zutaten:
Reis Sorte beliebig 1/2 Tasse / 60g. (empfehlenswert)
Wasser 3 Tassen / 300g. (ja)
Zitrone Schale 1 Stück / 3g. (ja)
Wasser 1/8 Liter / 0g. (ja)
Karotte (Mohrrübe, Möhre) 2 Stück / 180g. (ja)
Sellerie Stangensellerie 1/2 Stück / 5g. (ja)
Champignon 1/2 Tasse / 50g. (ja)
Kresse 2 EL / 20g. (empfehlenswert)
Leinöl 1 Schuss / 3g. (wenig)

Kochanleitung:
Reis nach Grundrezept kochen, dabei ein Stück Zitronenschale mitkochen. Wasser aufstellen und kleingeschnittene Karotten, Stangensellerie und Champignons im Gemüseeinsatz dämpfen, bis sie weich sind. Anschließend mit Kresse bestreuen und zuletzt einen Schuss hochwertiges Öl zugeben.

3.71 Reis mit Pastinake

Vitaminreich, Mineralstoffe Kalium und Zink. Bei Durchblutungsstörungen, Thrombose, Emboliegefahr, Bluthochdruck, Kopfschmerzen, Herzinfarkt, Schlaganfall, Hefepilzinfektionen.

Anzahl Portionen: 3
Kalorien p. Portion 206
Gramm p. Portion 261,33
Kochdauer ca. 45 Min.
(Kohlehydrat:78,37% / Eiweiß & Fett:21,63%)
100g.≈ Eiweiß 5,17g. Fett:4,53g.
µg. - Ph:20,16 Na:2,09 Ka:94,99 Mg:7,61 Ca:10,6 Fe:0,15 Zn:0,07 Col.:0 Hsr.:12,18

Zutaten:
Reis Sorte beliebig 1 Tasse / 120g. (empfehlenswert)
Wasser 2 Tassen / 200g. (ja)
Salz 1 Prise / 1g. (wenig)
Pastinake 3-4 Stück / 450g. (empfehlenswert)
Olivenöl 1 EL / 10g. (wenig)
Salbei 1 TL / 3g. (ja)

Kochanleitung:
Pastinake schälen und in Scheiben schneiden. Kurz in Öl anbraten. Reis hinzugeben und kurz mitbraten. Mit Wasser übergießen und mindestens 30 Min. lang kochen lassen. Mit etwas frischem gehacktem Salbei bestreuen.

3.72 Reis-Congee mit Honigbirne

Fördert Verdauung, harntreibend, befeuchtet Darm. Gut bei Durchblutungsstörungen, Thrombose, Emboliegefahr, Bluthochdruck, Kopfschmerzen, Herzinfarkt und Schlaganfall.

Anzahl Portionen: 2
Kalorien p. Portion 159
Gramm p. Portion 271,5
Kochdauer ca. 10 Min. - 3 Stunden
Allergene: N
(Kohlehydrat:95,26% / Eiweiß & Fett:4,74%)
100g.≈ Eiweiß 2,44g. Fett:1,55g.
µg. - Ph:9,61 Na:0,87 Ka:36,88 Mg:70,3 Ca:68,61 Fe:0,18 Zn:0,06 Col.:0 Hsr.:5,76

Zutaten:
Grundrezept für eine Reissuppe 2 Tassen / 240g. (empfehlenswert)
Birne 2 Stück / 300g. (empfehlenswert)
Sesam, Schwarzer 1 TL / 3g. (wenig)

Kochanleitung:
Reis-Congee nach Grundrezept kochen oder vorbereiteten verwenden. Topf mit 3 cm Wasser befüllen und aufkochen lassen. Birnen vierteln (mit Haut und Kernen) und hineingeben und mit schwarzem Sesam 10 Min. zugedeckt köcheln lassen. Mit dem Reis mischen.

3.73 Reis-Congee mit Trockenfrüchten

Gut bei Durchblutungsstörungen, Durchfall, Fieber, Bluthochdruck, Kopfschmerzen, Husten. Zur Entwässerung des Körpers bei Übergewicht und Bluthochdruck, harntreibend.

Anzahl Portionen: 2
Kalorien p. Portion 210
Gramm p. Portion   304
Kochdauer ca.   10 Min.
Allergene: GO
(Kohlehydrat:95% / Eiweiß & Fett:5%)
100g.≈ Eiweiß 4,06g. Fett:2,65g.
µg. - Ph:5,99 Na:0,45 Ka:35,04 Mg:63,94 Ca:61,81 Fe:0,14 Zn:0,06 Col.:0,49 Hsr.:3,72

Zutaten:
Grundrezept für eine Reissuppe 4 Tassen / 500g. (empfehlenswert)
Butter Bio 1/2 EL / 5g. (wenig)
Aprikose getrocknet 6 EL / 50g. (empfehlenswert)
Wasser 1/2 Tasse / 50g. (ja)
Ahornsirup 1 Schuss / 3g. (empfehlenswert)

Kochanleitung:
Reis-Congee nach Grundrezept kochen. Etwas Butter bei kleiner Flamme zerlassen und klein geschnittene Trockenfrüchte in ½ Tasse Wasser kurz dünsten. Die für die Mahlzeit gewünschte Menge an Reisbrei zugeben und erhitzen. Heiß servieren und bei Bedarf mit Ahornsirup nachsüßen. Variante: zusätzlich frisches Obst mit andünsten

3.74 Reis-Dulse-Suppe

Stärkt Milz und Leber, senkt Blutdruck, bakterizid, stärkt Immunsystem. Gut bei Durchblutungsstörungen, Durchfall und Fieber. Vitamin C bekämpft freie Radikale, fördert den Austausch von Eisen und Calcium, erhöht Resistenz gegen Infektionskrankheiten.

Anzahl Portionen: 2
Kalorien p. Portion 191
Gramm p. Portion 507,5
Kochdauer ca. 5 min
Allergene: L
(Kohlehydrat:96,23% / Eiweiß & Fett:3,77%)
100g.≈ Eiweiß 4,98g. Fett:1,75g.
µg. - Ph:9,95 Na:13,47 Ka:7,78 Mg:105,69 Ca:185,97 Fe:0,27 Zn:0,05 Col.:0 Hsr.:2,68

Zutaten:
Grundrezept für eine Reissuppe 4 Tassen / 500g. (empfehlenswert)
Grundrezept für eine Gemüsebrühe 1/2 Liter / 500g. (empfehlenswert)
Dulse (Lappentang) 2 EL / 15g. (ja)

Kochanleitung:
Je eine Portion vorgekochtes Grundrezept für eine Reissuppe (Congee) und vorgekochtes Grundrezept für eine Gemüsebrühe (nahrhaft) aufwärmen. Dulse im Backofen bei 220 Grad 3 Min. backen und die knusprige Dulse über den Reis streuen.

3.75 Reisnudelsuppe mit Shiitakepilzen

Sehr leicht und kräftigend zugleich, stärkt das Immunsystem.

Anzahl Portionen: 2
Kalorien p. Portion 65
Gramm p. Portion 173
Kochdauer ca. 20 Min.
Allergene: L
(Kohlehydrat:86% / Eiweiß & Fett:14%)
100g.≈ Eiweiß 3,23g. Fett:1,3g.
µg. - Ph:13,08 Na:44,73 Ka:17,94 Mg:24,74 Ca:81,93 Fe:0,21 Zn:0,07 Col.:0 Hsr.:7,24

Zutaten:
Reisnudeln 2 Handvoll / 20g. (empfehlenswert)
Shiitake, getrocknet 4-6 Stück / 5g. (empfehlenswert)
Grundrezept für eine Gemüsebrühe 2 Tassen / 240g. (empfehlenswert)
Chinakohl 1 Tasse / 60g. (ja)
Liebstöckel 1 TL / 3g. (ja)
Miso 2 EL / 18g. (ja)

Kochanleitung:
Reisnudeln und Shiitakepilze getrennt in kaltem Wasser einweichen. Gemüsebrühe erhitzen und eingeweichte, in Streifen geschnittene Shiitakepilze zugeben und leicht köcheln. Chinakohl nudelig schneiden, Liebstöckelgrün und Reisnudeln zugeben und kurz ziehen lassen. Vor dem Servieren in etwas abgekühltem Kochwasser gelöstes Miso einrühren. Empfehlung: geeignet zu Beginn jeder Mahlzeit, auch als Frühstück

3.76 Rinderkraftbrühe

Erwärmend und nährend, baut Kräfte auf.
Anzahl Portionen: 7
Kalorien p. Portion 125
Gramm p. Portion   263,57
Kochdauer ca.   2-6 Stunden
Allergene: L
(Kohlehydrat:11,28% / Eiweiß & Fett:88,72%)
100g.≈ Eiweiß 21,12g. Fett:3,81g.
µg. - Ph:8,55 Na:2,68 Ka:15,22 Mg:1,38 Ca:2,17 Fe:0,15 Zn:0,03 Col.:0,4 Hsr.:6,57

Zutaten:
Wasser 1 Liter / 1000g. (ja)
Zitrone 2 Spritzer / 2g. (ja)
Rind Fleisch 500 g. / 500g. (ja)
Rind Fleischknochen 2 Stück / 0g. (wenig)
Kurkuma (Gelbwurz) gute Prise / 1g. (empfehlenswert)
Karotte (Mohrrübe, Möhre) 2 Stück / 100g. (ja)
Sellerie Knolle 3 cm / 25g. (ja)
Petersilienwurzel 1 Stück / 150g. (ja)
Zwiebel weiss 1 Stück / 50g. (ja)
Lorbeerblatt 2-3 Blatt / 2g. (ja)
Koriander 1/2 TL / 2g. (ja)
Ingwer frisch 2 cm. / 2g. (ja)
Wakame 2 cm. / 1g. (ja)
Petersilie 1 Stiel / 10g. (empfehlenswert)

Kochanleitung:
Fleisch und Fleischknochen mit kaltem Wasser knapp bedeckt aufsetzen und einige Spritzer Zitronensaft und etwas Kurkuma dazugeben, zum Kochen bringen und einen Moment kochen lassen. Dann die ganze Brühe weggießen, den Topf säubern, Fleisch und Knochen mit heißem Wasser abspülen (dadurch erspart man sich das Abschäumen) und mit 1 l heißem Wasser erneut aufsetzen mit folgenden Zutaten: eine gute Prise Kurkuma, Karotten, Sellerie,

Petersilienwurzel, Zwiebel, Lorbeerblätter, Koriander, ein Stück in Scheiben geschnittenen Ingwer, ein Streifen Wakame und ein Stiel Petersilie. Alles zusammen aufkochen und 2-6 Std. köcheln lassen (wenn das Fleisch anderweitig verwendet werden soll, nimmt man es nach 1,5-2 Std. aus der Brühe, sobald es gar ist. Die Knochen gibt man zurück in die Brühe). Nach Ende der Kochzeit die Brühe durch ein Sieb geben und nur diese behalten ohne alle Zutaten. Hinweise: Je länger die Brühe gekocht hat, um so erwärmender und nährender ist sie. Sie ist nach dem Abkühlen 3-4 Tage im Kühlschrank haltbar. Die Brühe kann heiß getrunken werden oder dient als Basis für Suppen mit Getreide, Kartoffeln und frischem Gemüse.

3.77 Rote Linsen mit Avocado und Rettich

Entzündungshemmend, harntreibend, fördert Verdauung, entgiftet, reduziert Durst, stärkt Herz und Nieren, beruhigt den Magen.
Anzahl Portionen: 3
Kalorien p. Portion 268
Gramm p. Portion 235,33
Kochdauer ca. 20 Min.
Allergene: N
(Kohlehydrat:23% / Eiweiß & Fett:77%)
100g.≈ Eiweiß 4,22g. Fett:24g.
µg. - Ph:3,94 Na:3,88 Ka:32,34 Mg:2,2 Ca:1,56 Fe:0,07 Zn:0,04 Col.:0 Hsr.:4,73

Zutaten:
Ingwer frisch 2 Scheiben / 2g. (ja)
Wasser 2 Tassen / 200g. (ja)
Linsen rot 1 Tasse geschälte / 100g. (ja)
Wakame 3 cm. / 1g. (ja)
Salz 1 Prise / 0,5g. (wenig)
Zitrone Saft 1 Spritzer / 1g. (ja)
Avocado 1 Stück / 300g. (empfehlenswert)
Pfeffer gemahlen 1 Prise / 0,2g. ()
Paprika (Rosenpaprikapulver) 1 Prise / 0,2g. (ja)
Sesamöl 1 Schuss / 1g. (wenig)
Rettich (weiß, grün, lila-rot) 1 Tasse / 100g. (ja)

Kochanleitung:
Etwas kleingeschnittenen Ingwer, geschälte rote Linsen, ein Stück Wakame oder eine kleine Menge Hijiki in das Wasser geben und gar köcheln. Mit Salz, etwas Zitronensaft und Kurkuma abschmecken. Währenddessen: ½ Avocado pro Portion auf einem Drittel des Tellers anrichten und gemahlenen Pfeffer, eine Prise Salz, etwas Zitronensaft, eine Prise Rosenpaprika und ganz wenig Sesamöl darüber geben.

Geraspelten Rettich auf das zweite Tellerdrittel geben und das Linsengericht in das letzte Drittel des Tellers füllen. Variante: Radieschenscheiben an Stelle des Rettichs verwenden.

3.78 Russische Kasha mit Weißkohl

Fördert Verdauung, lindert Schmerzen, entgiftet, fördert Appetit, löst Stagnation, regt Blutproduktion und Stoffwechsel an, baut Fett ab.
Anzahl Portionen: 2
Kalorien p. Portion 251
Gramm p. Portion 203,5
Kochdauer ca. 30 Min.
Allergene: AG
(Kohlehydrat:81,18% / Eiweiß & Fett:18,82%)
100g.≈ Eiweiß 8,19g. Fett:2,72g.
µg. - Ph:44,68 Na:1,88 Ka:72,81 Mg:16,01 Ca:11,92 Fe:0,6 Zn:0,22 Col.:0,44 Hsr.:24,96

Zutaten:
Buchweizen Vollkorn 1 Tasse / 130g. (ja)
Wasser 2 Tassen / 240g. (ja)
Muskatnuss 1 Prise / 1g. (ja)
Salz 1 Prise / 1g. (wenig)
Petersilie 1 EL / 10g. (empfehlenswert)
Kümmel 1 Prise / 2g. (ja)
Butter Bio 1 TL / 3g. (wenig)
Weißkohl/Weißkraut 1 Handvoll / 20g. (ja)

Kochanleitung:
Buchweizen trocken goldgelb rösten. Kochendes Wasser zugießen, kurz aufkochen und dann quellen lassen, bis er weich ist. Weißkohl fein raspeln und unterheben. Mit Muskat und Salz würzen. Am Schluss etwas Petersilie, Kümmel und Butter hinzufügen.

3.79 Schwarze Bohnen mit Avocado

Hilft bei Entzündungen, Schwellungen und Schmerzen. Harntreibend, senkt den Cholesterinspiegel, beugt Arteriosklerose vor, fördert Durchblutung, stärkt Muskeln, fördert Verdauung, entgiftet, treibt Schweiß, senkt Blutfett, regt an, löst Stagnation.
Anzahl Portionen: 3
Kalorien p. Portion 263
Gramm p. Portion 288,33
Kochdauer ca. 1 Stunde
Allergene: EN
(Kohlehydrat:35% / Eiweiß & Fett:65%)
100g.≈ Eiweiß 9,94g. Fett:27,49g.
µg. - Ph:5,98 Na:2,25 Ka:27,68 Mg:2,94 Ca:1,89 Fe:0,11 Zn:0,03 Col.:0 Hsr.:2,75

Zutaten:
Schwarze Bohnen 1 Tasse / 100g. (empfehlenswert)
Wasser 4 Tassen / 450g. (ja)
Zitrone 1 Spritzer / 1g. (ja)
Boxhornkleesamen 1 Prise (Pulver) / 0,2g. (ja)
Sesamöl 1 EL / 10g. (wenig)
Ingwer frisch 1 TL / 2g. (ja)
Wakame 2 cm. / 1g. (ja)
Sojasauce 1 Schuss / 1g. (wenig)
Avocado 1 Stück / 300g. (empfehlenswert)

Kochanleitung:
Vorbereitung am Vortag:2 Tassen schwarze Bohnen in etwa 6 Tassen kaltem Wasser 6-8 Std. einweichen und dann abseihen. Die schwarzen Bohnen mit 4 Tassen frischem kaltem Wasser aufsetzen. Einen Spritzer Zitronensaft, etwas Bockshornkleesamenpulver, 1 EL Sesamöl, 1 TL geriebenen Ingwer und ein Stück Wakame oder 1 EL Hijiki dazugeben. Etwa 45 Min. köcheln lassen, mit dem Pürierstab mixen und mit reichlich Sojasoße abschmecken. Am Morgen: ½ Avocado pro Portion schälen, in Schiffchen (Scheiben) schneiden und zusammen mit der warmen Bohnenpaste servieren. Hinweis: Die schwarzen Bohnen können für 2-3 Tage vorgekocht werden, um dann mit wenig Aufwand als Frühstück oder andere Mahlzeit verwendet zu werden.

3.80 Tee aus Grüntee

Fördert Verdauung, harntreibend, löst Schleim, entgiftet, regt Nerven an, reduziert Blutfett, senkt Cholesterinspiegel, lindert Entzündungen.
Anzahl Portionen: 1
Kalorien p. Portion 3
Gramm p. Portion 122
Kochdauer ca. 10 Min.
(Kohlehydrat:20% / Eiweiß & Fett:80%)
100g.≈ Eiweiß 0,01g. Fett:0g.
µg. - Ph:5,61 Na:1,07 Ka:27,59 Mg:4,07 Ca:9,43 Fe:0,04 Zn:0,1 Col.:0 Hsr.:0

Zutaten:
Grüner Tee 1 TL / 2g. (empfehlenswert)
Wasser 1 Tasse / 120g. (ja)

Kochanleitung:
Pro Tasse verwendet man einen Teelöffel voll oder einen Teebeutel. Grüntee nur mit 60-80 Grad heißem Wasser aufbrühen, da er sonst bitter wird. Soll der Tee eine anregende Wirkung haben, lässt man ihn

2-3 Min. ziehen. Eher beruhigend wirkt er bei einer Ziehdauer von 5 Min. (nicht länger, sonst wird er bitter!). Eine andere Methode: Man übergießt die Teeblätter mit ca. 70 Grad heißem Wasser und gießt es sofort wieder ab. Dann einfach noch mal heißes Wasser nachgießen. Die Bitterstoffe verschwinden und der Tee bekommt ein milderes Aroma.

3.81 Tofu-Schwarzbohnen-Chili mit Reis

Harntreibend, senkt den Cholesterinspiegel, beugt Arteriosklerose vor. Zur Entwässerung des Körpers bei Übergewicht und Bluthochdruck, stärkt Immunsystem.

Anzahl Portionen: 4
Kalorien p. Portion 343
Gramm p. Portion 427,75
Kochdauer ca. 45 Min.
Allergene: AEL
(Kohlehydrat:65% / Eiweiß & Fett:35%)
100g.≈ Eiweiß 36,36g. Fett:19,24g.
µg. - Ph:8,2 Na:2,23 Ka:11,79 Mg:4,98 Ca:6,05 Fe:0,14 Zn:0,03 Col.:0,02 Hsr.:3,18

Zutaten:
Rapsöl 60 ml. / 60g. (wenig)
Zwiebel weiss 2 Stück / 120g. (ja)
Paprika 1 Stück / 20g. (ja)
Chili (Schote oder gemahlen) 1/2 EL / 3g. (ja)
Pfeffer Cayenne 1 Prise / 0,5g. (ja)
Koriander 1 TL / 2g. (ja)
Thymian 1 TL / 2g. (ja)
Nelke 1 TL / 2g. (ja)
Dinkel Vollkornmehl 2 EL / 16g. (ja)
Sherry 1 EL / 8g. (wenig)
Soja Tofu 250 g. / 250g. (ja)
Schwarze Bohnen 2 Dosen (400g) / 400g. (empfehlenswert)
Grundrezept für eine Hühnerbrühe 350 ml. / 300g. (empfehlenswert)
Lorbeerblatt 1 Stück / 0,2g. (ja)
Knoblauch 6 Stück / 8g. (empfehlenswert)
Wasser 6 Tassen / 400g. (ja)
Reis Basmatireis 1 Tasse / 120g. (empfehlenswert)

Kochanleitung:
Das Öl in einem großen Topf bei mittlerer Temperatur erhitzen. Zwiebeln, Paprika und Chilipulver darin 2 Min. anbraten, bis die Zwiebeln glasig sind. Die übrigen Gewürze zufügen und unter ständigem Rühren mitrösten, bis das Aroma aufsteigt. Das Mehl

darüber stäuben, 2 Min. weiter braten und darauf achten, dass die Pasten artige Gewürzmischung nicht anbrennt. Mit Sherry ablöschen, die schwarzen Bohnen (Dose) hineingeben und mit den Gewürzen verrühren. Mit der Hühnerbrühe aufgießen, das Lorbeerblatt zufügen und den gehackten Knoblauch unterrühren. Bohnen 30 Min. köcheln lassen und bei Bedarf noch etwas Hühnerbrühe aufgießen. Während der letzten 10 Min. die Tofuwürfel mitgaren. Der Tofu kann leicht zerfallen und sollte deshalb sehr behutsam mit einem Holzlöffel untergehoben werden. Zum Schluss das Lorbeerblatt herausfischen und das Chili mit Reis servieren.

3.82 Vegetarischer Gemüse-Getreide-Kartoffelbrei

Verbessert Verdauung, regeneriert Haut, harntreibend, senkt Cholesterinspiegel, lindert Verstopfung, produziert Muttermilch.
Anzahl Portionen: 2
Kalorien p. Portion 91
Gramm p. Portion 109
Kochdauer ca. 25 Min.
Allergene: A
(Kohlehydrat:61% / Eiweiß & Fett:39%)
100g.≈ Eiweiß 1,89g. Fett:4,42g.
µg. - Ph:13,11 Na:2,56 Ka:62,42 Mg:5,72 Ca:8,05 Fe:0,26 Zn:0,13 Col.:0 Hsr.:5,15

Zutaten:
Karotte (Frühkarotte) 30 g. / 30g. (ja)
Pastinake 30 g. / 30g. (empfehlenswert)
Zucchini 30 g. / 30g. (ja)
Fenchel 10 g. / 10g. (empfehlenswert)
Kartoffel 50 g. / 50g. (ja)
Wasser 20 g. / 20g. (ja)
Hafer Flocken (Vollkorn) 10 g. / 10g. (empfehlenswert)
Orangensaft 30 g. / 30g. (empfehlenswert)
Rapsöl 8 g. / 8g. (wenig)

Kochanleitung:
Das Gemüse und die Kartoffeln waschen, würfeln und in wenig Wasser dünsten. Wasser und Haferflocken zugeben, alles pürieren und schließlich das Öl untermengen. Hinweis: Dieser Brei ersetzt den Gemüse-Kartoffel-Fleisch-Brei, wenn in der Ernährung des Säuglings auf Fleisch verzichtet werden soll. Da Fleisch die beste Nahrungsquelle für Eisen ist, muss bei vegetarischer Ernährung besonders auf eine ausreichende Eisenversorgung geachtet werden.

3.83 Vitamindrink

Reguliert Magen-Darm-Funktion, stärkt Milz und Leber, senkt Blutdruck, bakterizid, stärkt Immunsystem, beugt Krebs vor.
Anzahl Portionen: 3
Kalorien p. Portion 172
Gramm p. Portion 273,33
Kochdauer ca. 5 Min.
Allergene:
(Kohlehydrat:91,86% / Eiweiß & Fett:8,14%)
100g.≈ Eiweiß 2,79g. Fett:0,57g.
µg. - Ph:9,44 Na:2,63 Ka:80,69 Mg:7,39 Ca:10,07 Fe:0,28 Zn:0,03 Col.:0 Hsr.:6,17

Zutaten:
Orangensaft 300 ml. / 300g. (empfehlenswert)
Karotte (Mohrrübe, Möhre) 200 g. / 200g. (ja)
Banane 2 Stück / 300g. (empfehlenswert)
Kiwi 1 Stück / 20g. (empfehlenswert)

Kochanleitung:
Orangen, Karotten, Bananen und die Kiwi grob zerkleinern und mit dem Mixstab fein pürieren.

3.84 Wärmender Haferflockenbrei

Stärkt Abwehrkraft, harntreibend und abführend, liefert Vitamin C, löst Steine, fördert Verdauung, entgiftet, treibt Schweiß, reduziert Blutfett, regt an, löst Stagnation.
Anzahl Portionen: 1
Kalorien p. Portion 357
Gramm p. Portion 214,5
Kochdauer ca. 10 Min.
Allergene: AHO
(Kohlehydrat:72,81% / Eiweiß & Fett:27,19%)
100g.≈ Eiweiß 8,86g. Fett:11,41g.
µg. - Ph:134,8 Na:3,25 Ka:194,19 Mg:50,68 Ca:38,25 Fe:1,57 Zn:1,38 Col.:0 Hsr.:47,55

Zutaten:
Hafer Flocken (Vollkorn) 6 EL / 60g. (empfehlenswert)
Feige getrocknet 3 Stück / 15g. (empfehlenswert)
Sternanis 1 Stück / 1g. (ja)
Ingwer frisch 1 Prise / 0,5g. (ja)
Wasser 1 Tasse / 120g. (ja)
Ahornsirup 1 EL / 10g. (empfehlenswert)
Walnüsse 1 EL gehackte / 8g. (wenig)

Kochanleitung:
Trockenfrüchte einweichen. Haferflocken trocken anrösten. Trockenfrüchte, Sternanis oder Zimt und etwas geriebenen Ingwer dazugeben und alles mit Wasser zu einem Brei kochen. Mit Ahornsirup süßen. Walnüsse rösten und vor dem Servieren drüberstreuen.
Wirkung: Der Brei eignet sich gut für die kalte Jahreszeit.

4 Wirkung der Lebensmittel

4.1 Zutaten verwenden: empfehlenswert

Acaipulver
Acerola Fruchtnektar oder Pulver
Ahornsirup
Aloesaft
Apfel (sauer)
Apfel (süß)
Apfelmus
Apfelsaft (Naturtrüb)
Aprikose
Aprikose getrocknet
Aprikosennektar
Avocado
Banane
Banane Kochbanane
Beeren der Saison
Beerensaft
Birne
Birnensaft
Blattsalate (bitter)
Blumenkohl (Karfiol)
Borretsch
Brennnessel
Butterbohnen weiße
Cranberries
Datteln getrocknet
Datteln rot
Dill
Erdbeere
Erdbeersaftgetränk
Feige getrocknet
Fenchel
Fischstücke gemischt (Süßwasser)
Gemüsesaft
Gerste (Nacktgerste)
Gerste (Perlgerste)
Gerstengraupen
Ginkgofrucht
Grüner Tee
Grünkern
Gurke (bitter)

Hafer Flocken (Vollkorn)
Hafer Flocken geröstet
Hafer Mehl
Hafer Schrot
Hagebutte
Hagebuttentee
Heidelbeersaft
Hirse
Hirseflocken
Johannisbeermarmelade (schwarz)
Johannisbeernektar (schwarz)
Kakao
Kerbel getrocknet
Kirschsaft
Kiwi
Knoblauch
Kohlrabi
Kompott (Früchte der Saison)
Korinthen (rot)
Korinthen (schwarz)
Kresse
Kurkuma (Gelbwurz)
Leinsamen (geschrotet)
Löwenzahn (junger)
Mangosaft
Maniokmehl
Marillensaft
Mittelmeerfisch (Kabeljau, Scholle, Schellfisch, Seeaal, Makrele)
Obstmischung Fruchtsaft
Orangensaft
Papaya
Pastinake
Petersilie
Pfifferlinge/Eierschwammerl
Pflaume getrocknet
Reis Basmatireis
Reis Langkornreis
Reis Reisschleim
Reis Rundkornreis

Reis Schwarzer
Reis Sorte beliebig
Reis Vollkorn
Reishi
Reisnudeln
Roggen
Roggen Vollkornbrot
Roggenmehl
Rosinen
Safran
Sago (Getreide)
Sanddorn
Saubohnen (Dicke Bohnen)
Schokolade (Diabetiker)
Schwarzaugenbohnen
Schwarze Bohnen
Schwarzer Fungu Pilz
Shiitake, getrocknet
Soja Cuisine (Soja-Sahne)
Sojabohne
Sojabohnen, Gelbe
Sojamehl
Soja-Nudeln
Tomate getrocknet
Tomatenmark
Tomatenpüre
Tomatensaft
Traubensaft rot
Traubensaft weiß
Vollkornbrot
Vollkornbrot mit ganzen Körner
Vollkornmehl
Weizen Mehl Vollkorn
Weizen/Roggen Grau- Schwarzbrot mit Hefe
Weizenkleie
Zitronenmelisse (getrocknet)
Zwieback

4.2 Zutaten verwenden: ja

Adzukibohnen
Agar-Agar, Agartang
Agavendicksaft
Amaranth
Amaranth POPS
Ananas
Ananassaft ungezuckert
Andornkraut
Angelikawurzel
Anis (gemeiner Fenchel)
Aprikosen Marmelade
Artischocke
Astronautenkost
Aubergine
Austern
Austernpilze
Austernschalenpulver
Backpulver
Baldrian
Bambussprossen
Banchatee
Bärentraubenblätter
Bärlauch (Knoblauchspinat)
Barsch
Basilikum
Basilikum (frisch)
Bataviasalat
Benediktinerdistel
Berberitzenrindetee
Bier (alkoholarm)
Bier (alkoholfrei)
Bitter Lemon
Bitterklee
Bitterorangenschale
Blütenpollen
Bocksdornfrüchte (Fructus Lycii) getrocknet
Bockshornklee
Bohnen (grün, frisch)
Bohnenkraut
Boxhornkleesamen
Brokkoli
Brombeerblätter
Brombeere
Brombeere getrocknet (unreife)
Brombeermarmelade
Brösel (Weizenbrot, Semmel)
Brot mit Johannisbrotkernmehl
Brötchen (Semmel)
Buchweizen
Buchweizen (geröstet) Kasha
Buchweizen Vollkorn
Bulgur (Getreide)
Buschbohnen
Calamari
Cashewnüsse
Champignon
Channa-Dal
Chenpi (chinesische Mandarinenschale)
Chicorée
Chili (Schote oder gemahlen)
Chinakohl
Chlorella (Süßwasser)

Chrysanthemenblütentee
Clementinen
Colagetränk
Couscous
Cumin (Kreuzkümmel)
Curry
Currypaste rot
Dashi
Dinkel
Dinkel Brot
Dinkel Flocken
Dinkel Gries
Dinkel Vollkornmehl
Dornhai (Seeaal, Schillerlocken)
Dorsch
Dulse (Lappentang)
Eibennuss
Eibisch (Hibiscus)
Eisbergsalat
Endiviensalat
Ente (Herz)
Entenei
Enzianwurzel
Erbse, grün
Erbsen
Erdbeermarmelade
Erdnussbutter
Essig (Apfelessig)
Essig (Rotweinessig)
Essig Aceto Balsamico
Essig Aceto Balsamico weiss
Essiggurke
Estragon
Färberdiestel (Hong Hua)
Färberginsterkraut
Fasan
Feige
Feldsalat
Fenchelsamen gemahlen
Fencheltee
Fisch Innereien
Fischreste
Fischsouce
Flaschenkürbis
Flohsamen
Flunder
Forelle
Forelle (geräuchert)
Frischkäse aus Soja
Früchtetee
Fruchtzucker (Fruktose, Traubenzucker)
Gagelpflaume
Galgant

Gans
Gans (Gänseklein)
Gänseblümchen
Gänseblut
Gänseei
Garam Masala Pulver
Garnele
Gelatine weiss
Gelee Royal
Gerste
Gerstengras Pulver
Gerstengrütze
Gerstenmalz
Gerstenmehl
Getreidekaffee
Gewürznelke
Ginsengwurzel
Glühweingewürzmischung
Granatapfel
Grapefruit getrocknete Schale
Grapefruit/Pampelmuse/Pomelo
Grapefruitsaft
Graskarpfen
Guave
Gurke
Gurke (Gewürzgurke)
Hafer
Hafer Milch
Hafer Schmelzlocken (Babynahrung)
Haifisch
Hammel
Hase
Hase, wild
Hefe
Heidelbeere
Heidelbeere getrocknet
Heidelbeermarmelade
Heilbutt
Hibiskustee
Hijiki
Himbeerblättertee
Himbeere
Himbeere getrocknet (unreife)
Himbeermarmelade
Hiobsträne (Samen) YiYi Ren
Hirsch Fleisch
Hirsch Knochen
Hirsch Nieren
Hokkaidokürbis
Holunderbeeren
Holunderblütentee
Honig
Honigmelone
Hopfen

Huhn Fleisch
Ingwer frisch
Ingwer Pulver
Jakobstränen
Jasminblütentee
Johannisbeere (rot)
Johannisbeere (schwarz)
Johannisbeere (weiß)
Johannisbeermarmelade (rot)
Johannisbrotkernmehl
Kabeljau
Kaffee
Kaffeeweißer
Kaki-Pflaume
Kaktusfeige
Kalmus
Kamille
Kaninchen Fleisch
Kapern (eingelegt)
Kapuzinerkresse
Karambole/Sternfrucht
Karausche
Kardamom
Karotte (Frühkarotte)
Karotte (Mohrrübe, Möhre)
Karottensaft ohne Zucker
Karpfen
Kartoffel
Kartoffel (mehlige)
Kartoffelmehl
Käsepappeltee
Kastanien (Maronen)
Kaviar
Kerbel
Kichererbsen
Kirsche
Kirsche (sauer)
Kirschenkompott
Klementine
Klettenwurzeltee
Knäckebrot
Kohlrübe
Kokosmilch
Kombualge
Kopfsalat
Koriander
Koriandergrün
Krabbe
Krake
Kräuter bittere
Kräuter der Provence
Kräuter verschiedene
Kräuter Wildkräuter
Kräuterteemischung

Kukichatee
Kümmel
Kümmel gemahlen
Kumquat
Kürbis
Kuzu
Lachs
Lamm Fleisch
Lamm Schulter
Languste
Lauch (Porree)
Lauchzwiebel Schnittlauch
Laugengebäck
Lavendelblüten
Leberglättertee
Leinsamen
Liebstöckel
Liebstöckelsamen
Limabohnen
Lindenblütentee
Linsen (Helmbohnen)
Linsen gelb
Linsen rot
Linsen schwarz
Löffelbiskuit
Longane
Loquate/Japanische Mispel
Lorbeerblatt
Lotossamen
Lotoswurzeln
Löwenzahnsaft
Löwenzahnwurzeltee
Luohan-Frucht
Lychee
Lychee (Konserve)
Magermilchpulver
Mais
Mais (geröstet)
Mais (Schnellpolenta)
Mais Gries (Polenta)
Mais Mehl (Maizena)
Maishaartee
Maisstärke
Majoran
Makannastern Samen
Makrele
Malventee
Malz
Mandarine
Mandeln Marzipan
Mango
Mangold
Mangopulver
Marillen

Maulbeerfrucht
Meeräsche
Meereskrebs
Mehrkornbrot (Graubrot)
Melisse
Miesmuscheln
Mineralwasser
Mirabelle
Miso
Miso schwarz (fermentiert)
Mispel
Mixed Pickels
Mohn
Moosbeere
Morchel (schwarz, getrocknet)
Mu-Erh-Pilz
Mungbohne
Mungbohnensprossen
Muskatnuss
Müsli
Nektarine
Nelke
Nierenbohnen (rote)
Nori, Purpurtang, Rotalge
Nudeln (Vollkorn) mit Ei
Nudeln (Weizen) mit Ei
Nudeln (Weizen, Bandnudeln) mit Ei
Nudeln (Weizen, Lasagneblätter) mit Ei
Nudeln (Weizen, Spagetti) mit Ei
Odermennig
Okra
Orange
Orange abgeriebene Schale
Orange getrocknete Schale
Orange Schale
Orangenblüten
Orangenmarmelade
Oregano frisch
Oregano getrocknet
Paprika
Paprika (Rosenpaprikapulver)
Paprika (süß)
Passionsblumenblütentee
Passionsfrucht (Maracuja)
Peperoni
Peperoni, gelb, entkernt, halbiert
Peperoni, rot, entkernt, halbiert
Petersilienwurzel
Pfeffer Cayenne
Pfeffer Körner
Pfeffer weiss (gemahlen)
Pfefferminze
Pfefferminztee
Pfeilwurzelmehl

Pferd Fleisch
Pfirsich
Pfirsich (Dose)
Pflaume
Piment
Pintobohnen gesprenkelt
Preiselbeere
Preiselbeermarmelade
Preiselbeersaft
Puddingpulver Vanille
Pumpernickel
Pute Brustfleisch
Pute Schinken
Qualle
Quinoa
Quitte
Radicchio
Radieschen
Reh Fleisch
Reineclaude
Reis Duftreis
Reis Gaoliangreis (Sorghum)
Reis Klebreis
Reis Roter
Reis Süßer
Reis Wilder (Naturreis)
Reismalz
Reismehl
Reisstärke
Rettich (weiß, grün, lila-rot)
Rettich Meerrettich (Kren)
Rettich schwarz
Rettichblätter (vom Wochenmarkt)
Rhabarber
Rind (Kalb)
Rind Filet
Rind Fleisch
Römersalat/Lattich-Salat
Rosenblättertee
Rosenblütentee
Rosenkohl
Rosmarin
Rotbarsch
Rote Grütze (ohne Zucker)
Rote Rübe
Rotkohl
Sahne 10% Kaffeesahne
Sake
Salbei
Sauerampfer
Sauerkirsche
Sauerkraut
Sauerteig
Schaffleisch

Schafgarbe
Schafgarbentee
Schlehdorn
Schnecke
Scholle
Schwarzkümmel
Schwarztee
Schwarzwurzel
Schwedenkraut (Schwedenbitter)
Seegurke
Sellerie Knolle
Sellerie Stangensellerie
Senf
Senf Dijon
Senf mittelscharf
Senf süß
Senfsamen
Shrimps
Silbermorchel, getrocknet
Soja Tofu
Soja Tofu geräuchert
Sojabohnen, Schwarze
Sojabohnen, Schwarze, fermentiert
Sojabohnenmilch
Sojacreme
Sojapaste (Miso)
Spargel (grün oder weiß)
Speiserüben
Spinat
Spitzwegerichtee
Stachelbeere
Stangenbohnen (Fisolen)
Steinpilz/Herrenpilz
Sternanis
Stevia (Süßkraut)
Süßholzwurzeltee
Süßkartoffel
Süßwasserfisch
Süßwasserkrebs
Tabasco
Taube
Taube Ei
Teemischung Harnsäuresenkend
Thunfisch
Thymian
Thymian getrocknet
Tintenfisch
Toastbrot (Vollkorn)
Tomate
Tonicwasser
Trauben rot
Trauben weiß
Trüffel
Tsampa (geröstetes Gerstenmehl)

Umeboshipaste
Umeboshipflaumen (Japanaprikosen)
Vanille
Vanillepulver
Vanilleschote
Vanillezucker natur
Vogelmiere
Vogerlsalat (Pflücksalat)
Wacholderbeere
Wachskürbis
Wakame
Walderdbeeren
Wasser
Wasser heiss
Wassermelone
Weißdorn
Weiße Bohnen
Weißfischchen
Weißkohl/Weißkraut
Weißwurz
Weizen
Weizen Bulgurweizen
Weizen Flocken
Weizen Gras Pulver
Weizen Gries
Weizen Gries - Kindergries
Weizen Mehl
Weizengrassaft
Wermutkraut
Wildkräuter
Wildschwein Fleisch
Wirsing/Grünkohl
Yamswurzel, Yamswurzelknolle
Yogitee
Ysop
Ziege
Zimtpulver
Zimtstange
Zitrone
Zitrone Saft
Zitrone Schale
Zitrone, Limette
Zitronengras
Zitronenmelisse (frisch)
Zucchini
Zucker Fructose Fruchtzucker
Zucker Glukose Traubenzucker
Zucker Milchzucker
Zuckerersatz (Süßstoff)
Zwetschken
Zwiebel Frühlingszwiebel
Zwiebel rot
Zwiebel Schalotte
Zwiebel weiss

4.3 Zutaten verwenden: wenig

Aal
Ananas (aus der Dose)
Bier (Altbier)
Bier (Pils)
Bitterlikör
Blätterteig
Bohnenöl
Borretschöl
Brie
Butter (halbfett)
Butter Bio
Buttermilch
Camembert
Campari
Colagetränk (kalorienarm)
Creme fraiche
Distelöl
Edamer
Emmentaler
Ente (Frühmastente, schlachtfrisch)
Erdnüsse
Erdnussöl
Fernet Branca (Kräuterbitterlikör)
Frischkäse
Frischkäse mit Kräuter
Ginsenglikör
Gouda
Haselnüsse
Hering
Honigwein (Met)
Huhn Blut
Huhn Ei
Huhn Eigelb
Huhn Eiweiß
Huhn Herz
Huhn Leber
Huhn Magen
Hummer
Hüttenkäse
Ingweröl
Joghurt (natur, 1,5 % Fett)
Joghurt (natur, 3,5 % Fett)
Kaninchen Leber
Kefir
Kokosfett
Kokosflocken
Kokosnussfleisch
Kokosraspeln
Kuhmilch (1,5 % Fett)
Kuhmilch (Vollmilch 3,5 % Fett)
Kürbiskerne
Kürbiskernöl
Lamm Knochen
Lamm Leber
Lamm Nieren
Leinöl
Lycheelikör
Maiskeimöl
Malzbier
Mandelmilch
Mandelmus
Mandeln
Margarine
Margarine (Diät)
Martini
Mascarpone
Mayonnaise 50%
Molke
Mozzarella
Nachtkerzenöl
Oliven
Oliven grün
Olivenöl
Palmöl
Paranuss
Parmesan
Pinienkerne
Pistazien
Prosecco
Quargel 20%
Rapsöl
Rind Fleischknochen
Rind Herz
Rind Herz (Kalb)
Rind Leber
Rind Lunge (Kalb)
Rind Magen
Rind Niere
Rind Ochsenschwanzstücke
Rind Suppenfleisch
Rotwein
Rum
Sahne sauer 10%
Sahne sauer 20%
Sahne sauer 30%
Sahne, süß 30%
Salz
Salz Kräutersalz
Sauermilch
Sauerrahm 15% Fett
Schafmilch Joghurt
Schafsmilch

Schmelzkäse 12%
Schnaps
Schokolade
Schwein Blut
Schwein Bratwurst
Schwein Darm
Schwein Fleisch
Schwein Haut
Schwein Haxe (Eisbein)
Schwein Herz
Schwein Hirn
Schwein Leber
Schwein Lunge
Schwein Magen
Schwein Markknochen (Röhrenknochen)
Schwein Mettwurst
Schwein Nieren
Sesam Paste (Tahini)
Sesam, Schwarzer
Sesam, Weißer
Sesamöl
Sesamöl geröstet
Sherry
Sojaöl
Sojasauce
Sonnenblumenkerne
Sonnenblumenöl
Stutenmilch
Topfen (Quark) 20%
Topfen (Quark) 40%

Traubenkernöl
Wachtel
Wachtel Ei
Walnüsse
Walnüsse geröstet
Walnussöl
Weißbrot (Weizenbrot)
Weißbrot Baguette
Weißbrot Brösel (Weizenbrot)
Weißbrot Knödelbrot (Weizenbrot)
Weißbrot Salzstangerl
Weißbrot Semmel
Weißwein
Weizen Bier
Weizen Fladenbrot
Weizenkeimöl
Wermut
Ziegen- und Schafsblut
Ziegen- und Schafshirn
Ziegen- und Schafsleber
Ziegen- und Schafsmagen
Ziegen- und Schafsmilch
Ziegenkäse
Zucker (Staubzucker)
Zucker (weiß, aus Rüben)
Zucker braun
Zucker Kandis weiß
Zucker Melasse
Zucker Palmzucker
Zucker Ursüße (Zuckerrohr) süß

4.4 Kontraindikativ wirkende Lebensmittel nicht verwenden

Aal geräuchert
Bratöl
Butterschmalz
Erdnuss (geröstet)
Feta
Gans (Gänseschmalz)
Gorgonzola
Mayonnaise 80%
Rind Knochenmark
Sardellen/Sardine

Schafskäse
Schimmelkäse
Schmelzkäse 30%
Schwein Fett
Schwein Schinken
Schwein Schinken gekocht
Schwein Schinken geselcht
Schwein Schinkenspeck
Schwein Schmalz

5 Komplementär

5.1 Fertiggetränk

5.1.1 Aronia (Apfelbeeren)
Gegen freie Radikale. Aufgrund des hohen Flavonoid-, Folsäure, Vitamin-K- und Vitamin-C-Gehalts zählt die Aronia zu den Heilpflanzen. Die Aronia sind im Fachhandel als getrocknete Beeren, als Saftkonzentrat, als Tee und als Getränk erhältlich.
1-2 Glas pro Tag
Aufgrund des hohen Flavonoid-, Folsäure, Vitamin-K- und Vitamin-C-Gehalts zählt die Aronia zu den Heilpflanzen. Die Aronia sind im Fachhandel als getrocknete Beeren, als Saftkonzentrat, als Tee und als Getränk erhältlich.

5.2 Heil-Tee (Aufguss)

5.2.1 Cannabis
Hohe Effizienz bei der Bekämpfung von Chemotherapie dingten Nebenwirkungen. Schmerzlindernd.
Ein unverständlicherweise immer noch leicht kontroverses Thema ist die Anwendung des vergleichsweise mild wirkenden Marihuanas bei Krebs, besonders wenn man sich mal Folgen und Umfang des alltäglichen klinischen Einsatzes von Morphium -einer dem Heroin verwandten Substanz- vor Augen führt. Marihuana zeigte im Tierversuch direkt tumorhemmende und Lebensverlängernde Wirkung. Außerdem unterdrückt der im Cannabis enthaltene Wirkstoff Delta-9-Tetrahydrocannabinol (THC) offenbar die Reproduktion von Gamma-Herpesviren, welche im Verdacht stehen Krebs auszulösen. Das Haupteinsatzgebiet von Cannabis bei Krebs ergibt sich allerdings aus seiner hohen Effizienz bei der Bekämpfung von Chemotherapie bedingten Nebenwirkungen. In der Vergangenheit wurden zwar eine Reihe von Medikamenten -in der Regel Phenothiazine und Butyrophenone- entwickelt welche diese Nebenwirkungen, üblicherweise Übelkeit und Erbrechen, mehr oder weniger erfolgreich unterdrücken sollten, jedoch scheint nach Aussage von Wissenschaftlern die Wirkung von Cannabis diesen Substanzen klar überlegen zu sein, wobei es jedoch manchmal Dosierungen bedarf, die einen Einfluss auf das Zentralnervensystems möglich erscheinen lassen, d.h. es kann zu einem

leichten Rausch kommen. In einer randomisierten Doppelblindstudie wurde 23 Kindern in Chemotherapie das synthetische Cannabinoid 'Nabilon' als Mittel gegen ihre Chemotherapie bedingten Nebenwirkungen verabreicht. 18 von ihnen schlossen die Studie erfolgreich ab. Sie litten dabei alle unter weniger Übelkeit und Erbrechen als die Kinder der Kontrollgruppe. Bei 2/3 von ihnen zeigte sich außerdem Nabilon vergleichbaren Mitteln gegenüber als überlegen. Nebenwirkung waren Schläfrigkeit und Benommenheit.
Es kann zu einem leichten Rausch kommen. Die Resorption anderer, gleichzeitig eingenommener Arzneimittel kann verlangsamt oder behindert werden. bei Überdosierung: Übelkeit, Erbrechen, Diarrhöe, Gereiztheit.

5.2.2 Gänsefingerkrautwurzel

Entspannt Krämpfe der glatte Muskulatur (Magenkolik, Darmkolik, Gallenwegkolik, Asthma, Angina pectoris. Lindert Blutungen auch nach der Geburt, fördert die Rückbildung des Uterus. Gut gegen Durchfall besonders mit Krämpfen, Bluthusten, Augenentzündung.
5-10g getrocknete Blätter auf 1 Liter Wasser.

5.2.3 Kümmel

Fördert Verdauung. Gut gegen Appetitlosigkeit, Magenschwäche, Diarrhöe, Übelkeit, Darmkoliken, Magenkrämpfe, Husten.
---Pfefferminzblätter
Entkrampft, befreit Lunge und Nase (Inhalieren), reguliert Zyklus. Regt Gallenfluss und Gallensaftproduktion an, krampflösend bei Beschwerden im Magen-Darm-Bereich, antimikrobiell und antiviral.
2-10 g mit 250 ml kochendem Wasser übergießen und 10 Minuten ziehen lassen. Danach absieben. Nach Bedarf 2 bis 3 Tassen pro Tag trinken.
Wirkstoffe: äth. Öl (Menthol), Gerbstoffe, Flavonoide, Bitterstoffe
Nicht lange kochen; nicht verwenden bei: Biao-Xu-Schwitzen oder Schwangerschaft.

5.2.4 Rooibos

Antioxidativ, entzündungshemmend, krebshemmend, schützt durch enthaltene Flavonoide, positive Wirkung auch auf Alzheimer, Arteriosklerose. Antiallergisch, hemmt die Histaminausschüttung. Antibakteriell, antiviral, antifungal, entgiftend (basisch).
3-4 Teelöffel Rooibos mit einem Liter kochendem Wasser überbrühen und 6-10 Min. ziehen lassen. Bei weichem Wasser benötigen Sie weniger Tee für die Zubereitung, bei härterem Wasser empfehlen wir eine höhere Dosierung.

5.2.5 Wermut

Gut gegen Appetitlosigkeit, Verdauungschwäche, Magenkrämpfe, Blähungen, Gastritis, Erschöpfung, Reizbarkeit, Medikamenten- und Nahrungsmittelunverträglichkeit, Fieber, Grippale Infekte, Parasiten.
1 TL auf 1/2l Wasser
Wermut - Wird nicht nur verwendet, um Würmer zu eliminieren; er ist außerdem eine höchst wirksame Leber- und Verdauungshilfe. Er ist auch dabei behilflich, Blockaden zu entfernen, die eine träge Menstruation erzeugen. Es ist immer am Besten, dieses Kräutermittel in Verbindung mit anderen Kräutern einzunehmen.
Medizinische Anwendungen: Blutarmut, Arthritis, Blähungen, Kreislauf, Erkältungen, Verstopfung, Depression, Ödeme, Ohrenschmerzen, Fieber, Frauenleiden, Winde, Gallenblase, Gallensteine, Gicht, Herzbrennen, Hepatitis, Gelbsucht, Nierenleiden, morgendliche Übelkeit, Übelkeit, Fettleibigkeit, Parasiten, Rheumatismus, Magenleiden, Würmer.
Eigenschaften: Abortiv wirkend, alterativ, Appetit fördernd, Wurmmittel, antibiotisch, Anti-Depressionsmittel, entzündungshemmend, fiebersenkend, antiseptisch, aromatisch, Bittertonikum, Mittel gegen Blähungen, galletreibend, verdauungsfördernd, Eintritt der Monatsblutung förderndes Mittel, magenstärkend, Wurmmittel.
Nicht in der Schwangerschaft verwenden. Es ist immer am Besten, dieses Kräutermittel in Verbindung mit anderen Kräutern einzunehmen.

5.3 Komplementäre Anwendung

5.3.1 Akupunktur

Die Akupunktur gehört zu den Nerven oder Organe regulierenden Therapien.
Traditionelle Chinesische Medizin (TCM) bezeichnet meist eine Auswahl von diagnostischen und therapeutischen Verfahren, die im chinesischen Kulturkreis in vielen Jahrhunderten angewandt wurden.
Das chinesische Wort für Akupunktur besteht aus zwei Teilworten, die die Hauptanwendung der Akupunktur beschreiben, nämlich dem Einstechen der Nadel in die Akupunkturpunkte und dem Erwärmen (Moxibustion) der Punkte. Akupunktur in der Ming-Dynastie (1368–1644). Bibliothèque Nationale, Paris. In der Akupunktur wird die Existenz von 361 Akupunkturpunkten angenommen, die auf den Meridianen angeordnet sind. Demnach gibt es zwölf Hauptmeridiane, die jeweils spiegelverkehrt auf beiden Körperseiten paarig angelegt sind, acht Extrameridiane und eine Reihe von so genannten Extrapunkten. Nach Meinung der Anhänger der Traditionellen Chinesischen Medizin wird durch das Einstechen der Nadeln der Fluss des Qi beeinflusst. Die Akupunktur gehört zu den

Umsteuerungs- und Regulationstherapien. Noch älter als die Akupunktur ist die Akupressur. Hier werden die Punkte mit Hilfe der Fingerkuppen massiert. Das Konzept der Ohrakupunktur (auch Auriculotherapie genannt) wurde vom französischen Arzt Paul Nogier entwickelt. 1954 berichtete er erstmals in der Deutschen Zeitschrift für Akupunktur über seine Erfahrungen und 1961 stellte er seine Diagnose- und Therapieform auf einem Akupunkturkongress in Deutschland vor. Die Behandlung über das Ohr ist zwar auch aus der chinesischen Akupunktur bekannt, es werden dort jedoch nur wenige Punkte – und diese auch nur selten – verwendet. Daneben besteht noch das Konzept der koreanischen Handakupunktur, bei der die Meridiane fast komplett auf den Händen abgebildet sind, sowie das der Schädelakupunktur mit Abbildung der Meridiane auf den Schädel. Ähnliche Vorstellungen stecken auch hinter der Fußakupunktur.
Heutzutage wird immer öfter von der Krankenversicherung die Akupunktur zur Schmerztherapie angeboten. Auch bei Krankenhausaufenthalten kann eine Therapie in Anspruch genommen werden. Die Therapie kann mit Nadeln aber auch sanfter mit Pflaster selbst während der Chemotherapie durchgeführt werden.

5.3.2 Apitherapie

Die Heilwirkung von Honig, Propolis, Blütenpollen, Gelee Royale und Bienengift: Propolis hat starke antibakteriellen, pilzhemmende und antiallergischen Eigenschaften und unterstützt dadurch jeden Heilungsprozess.
Das Heilen mit Bienenprodukten ist eine der ältesten Therapieverfahren. Die Heilwirkung von Honig, Propolis, Blütenpollen, Gelee Royale und Bienengift sind lange bekannt. Propolis hat starke antibakteriellen, pilzhemmende und antiallergischen Eigenschaften und unterstützt dadurch jeden Heilungsprozess. Blütenpollen ist aufgrund seines Reichtums an essentiellen Aminosäuren, sekundären Pflanzenstoffen (u. a. Flavonoide), organisch gebundenen Mineralstoffen und Vitaminen ein wichtiges Mittel zur Stärkung der Abwehrkräfte. Das Wachstum von Krebszellen (Neuroblastom) könnte gehemmt werden. Der Wirkstoff Artepillin C soll die Bildung neuer Blutgefäße im Tumor hemmen, was zum Aushungern und damit zur Schrumpfung führen kann. Heute weiß man, dass die Entstehung bestimmter Krebsarten im Zusammenhang mit Viren steht. In dem Propolis seine antivirale Wirkung entfaltet, kann eine krebsvorbeugende und krebshemmende Wirkung entstehen.

5.3.3 Ayur Veda

Ayurveda ist eine Kombination aus empirischer Naturlehre und

Philosophie, welche die Ausgewogenheit des Körpers anstrebt.
Ayurveda hat einen ganzheitlichen Anspruch, da der ganze Mensch mit einbezogen wird. Es werden pflanzliche Heilmittel verabreicht, welche eingenommen oder aufgetragen werden. Dadurch werden Organe gestärkt oder eine Entgiftung/Entschlackung angeregt.
Speziell bei Krebs wird das Ungleichgewicht verschiedener Elemente beschrieben und behandelt. Die Methoden der Schulmedizin mit Chirurgie, Strahlentherapien und andere Behandlungsmethoden ähneln denen der Ayurveda in vielen Punkten.

5.3.4 Enzympräparate

Enzyme sind Proteinketten, die biochemische Reaktionen auslösen. Sie könnten Umweltgifte neutralisieren und freien Radikalen, Bakterien, Viren und Pilzen entgegenwirken.
Die Dosierung für eine Therapie und eine Kombination von Präparaten legt der Arzt für jeden Patienten individuell fest.
Bei einer Erkrankung der Bauchspeicheldrüse verschreibt der Arzt Enzympräparate. Hierfür verwendet man Enzyme, die aus der Bauchspeicheldrüse des Hausschweins stammen.
Durch Zufuhr von Enzymkombination geht man davon aus, dass das Immunsystem positiv beeinflusst oder die Entzündungsheilung gegebenenfalls beschleunigt wird.
Die Einnahme von Enzympräparaten löst manchmal allergische Reaktionen aus. In einigen Fällen tritt eine Verdauungsstörung in Form von Blähungen, Übelkeit, Bauchschmerzen, Erbrechen und Durchfall auf.
Keine Enzymtherapie während der Schwangerschaft.

5.3.5 Hyperthermie

Künstlich erzeugte Temperaturerhöhung in Organen.
Die künstlich erzeugte Temperaturerhöhung (Therapeutische Hyperthermie oder Onkothermie) wird zur Behandlung einiger Krebserkrankungen angewendet. Dabei werden entweder der gesamte Körper oder einzelne Bereiche des Körpers durch Wärmestrahlung erwärmt (Mikro- oder Radiowellen, bzw. durch Infrarotstrahler). Sie wird meistens mit Strahlen- oder Chemotherapie kombiniert. In der Behandlung von Krebserkrankungen wird sie vor allem dann eingesetzt, wenn andere Verfahren (Operation, Strahlentherapie, Chemotherapie) keinen ausreichenden Erfolg mehr versprechen, das heißt, wenn die Patienten austherapiert sind. Interesse ist dabei allgemeine Leistungssteigerung und die Steigerung der Immunabwehr welches als Ergänzung von Krebstherapien hilfreich ist. Computergesteuert werden Radiowellen in Tumorbereiche gebündelt, und es erfolgt eine Erwärmung

auf 42 bis maximal 44 °C. Die Temperatur wird für ca. 60 bis 90 Minuten aufrechterhalten. Es wurde festgestellt, dass die Zytostatika bei einer Chemotherapie bei Temperaturen über 40 °C deutlich aggressiver wirken als bei normaler Körpertemperatur. Durch Überhitzung geschädigte Tumorzellen können leichter durch eine Strahlentherapie bekämpft werden, weil ihre Reparaturfähigkeiten herabgesetzt sind.
Untersuchungen haben weiterhin ergeben, dass Krebszellen bei einer Erwärmung auf ca. 42 °C im Gegensatz zu gesundem Gewebe besonders geartete Eiweißstrukturen auf ihrer Oberfläche bilden. Diese Eiweißstrukturen (Hitzeschockproteine), werden meistens vom Abwehrsystem als körperfremd erkannt, so dass die Krebszellen vom Abwehrsystem des Körpers zerstört werden können. Bei Temperaturen bis 46 °C innerhalb des Tumors kann die Wirkung einer gleichzeitig angewandten Strahlen- oder Chemotherapie verstärkt werden. Die Wärme beeinträchtigt aber auch Proteine, die dafür verantwortlich sind, dass chemoresistente Tumorzellen die für Diese schädlichen Zytostatika aus den Zellen wieder herausschleusen können. Fallen diese Ausschleusesysteme durch Wärmeeinwirkung aus, sterben selbst chemoresistente Tumorzellen, weil die Wirkstoffe weiterhin in den Zellen verbleiben.

5.3.6 Lichttherapie

Lichttherapie ist eine komplementäre und schonende Behandlung gegen saisonale Depressionen.
Heute gibt es mit der Lichttherapie, ein komplementäre und schonende Behandlung gegen saisonale Depressionen. Die meisten Patienten fühlen sich bereits nach wenigen Anwendungen wesentlich besser und ein überwältigend hoher Prozentsatz kann sogar dauerhaft vom sogenannten SAD-Syndrom (Erschöpfungssyndrom) geheilt werden. Speziell bei chronischen Erkrankungen können die positiven Wirkungen auf die Psyche stimulieren und so einen Heilerfolg unterstützen.
Eine punktuelle Lichttherapie kann bei Hautkrebs oder im Bereich von Mund und Rachentumoren eingesetzt werden. Dabei wird zunächst eine lichtempfindliche Substanz verabreicht und danach mit speziellen Lichtfrequenzen bestrahlt. Bei der Bestrahlung bilden sich aus den lichtempfindlichen Substanzen aggressive Sauerstoff Moleküle, welche die Tumorzellen direkt abtöten oder zum Verschluss von Blutgefäßen führen, wodurch ebenfalls Tumorzellen abgetötet werden. Das gesunde Gewebe in der Umgebung wird weitestgehend geschont.

5.3.7 Misteltherapie

Die Misteltherapie ist die am besten dokumentierte komplementäre Begleitung zur klassischen onkologischen Krebstherapie
Die Misteltherapie ist die am besten dokumentierte komplementäre Begleitung zur klassischen onkologischen Krebstherapie Sie besteht aus einem wässrigen Extrakt der Mistel. Dieser Extrakt wird mit einer Spritze unter die Haut gespritzt. Immer mehr Ärzte und Patienten vertrauen auf ihre verlässliche und sichere Wirkung und die ausgezeichnete Verträglichkeit. Die Wirkung der Misteltherapie ist eine bessere Verträglichkeit der Chemotherapie. Die Verbesserung des Allgemeinzustandes (Verringerung der Pflegebedürftigkeit und Besserung der körperlichen und mentalen Befindlichkeit) sowie eine Verbesserung von Schlaf und Appetit. Auch eine Reduktion von Schmerz ist feststellbar. Die Misteltherapie wird von Ihrem Arzt verordnet (Rezept). Mit diesem Rezept holen Sie sich dann in der Apotheke das Arzneimittel. Im Vergleich zum praktischen Nutzen sind die Kosten der Therapie sehr gering; egal ob sie von der Krankenkasse bezahlt wird, oder nicht (die Genehmigung variiert).

5.3.8 Selbsthilfegruppen

Die meisten Mitglieder von Selbsthilfegruppen haben die Erfahrung gemacht, die Belastungen der Erkrankung besser zu bewältigen.
Die meisten Mitglieder von Selbsthilfegruppen haben die Erfahrung gemacht, die Belastungen der Erkrankung besser zu bewältigen. Durch den Erfahrungsaustausch werden die für den jeweiligen Krankheitsverlauf besten Möglichkeiten der Mithilfe bei der Therapie erkannt. Durch die Eingliederung in eine Gemeinschaft wird auch der Zustand der Einsamkeit in seiner Situation bewältigt. Speziell bei der Lösungsfindung zu einzelnen Situationen können selbst Betroffene viel glaubwürdiger ihr Fachwissen vermitteln als Personen, welche die Methoden lediglich theoretisch gelernt haben. Die Mitglieder können außerdem meistens besser mit Ärzten und Therapeuten sprechen, weil die Themen bereits in den Gruppen besprochen wurden. Außerdem gelingt den Selbsthilfegruppen oft kritische und innovative Impulse auszudrücken, welche zur Veränderung und zum Umdenken im professionellen Bereich beitragen. In Selbsthilfegruppen wird Fachwissen zusammengetragen und durch Erfahrungen der einzelne Betroffenen ergänzt. So entsteht ein ganzheitliches Wissen, das die Mitglieder befähigt, Entscheidungen fundiert zu treffen und in unüberschaubaren System der Therapieangebote professionelle Dienste sinnvoll zu nutzen. Patienten, die in der Selbsthilfe engagiert sind, haben oft kürzere Klinikaufenthalte, weniger Therapiestunden und einen geringeren

Medikamentenverbrauch.

5.3.9 Shiatsu Massage

Massagetechnik. Hierbei wird vor allem Wert auf das Erkennen bestehender Ungleichgewichte im menschlichen Energiehaushalt gelegt. Shiatsu hat sich im Lauf des 19. Jahrhunderts in Japan aus der Traditionellen Chinesischen Medizin heraus als eigenständige Massagetechnik entwickelt. Hierbei wird vor allem Wert auf das Erkennen bestehender Ungleichgewichte im menschlichen Energiehaushalt gelegt. Im Mittelpunkt steht dabei die Frage: In welchen Körperteilen/Organen ist zu viel, in welchen zu wenig Energie vorhanden? Wörtlich übersetzt bedeutet Shiatsu "Fingerdruck". Durch den Druck der Finger - aber auch des Ellenbogens und der Füße - auf einzelne Akupunkturpunkte (Tsubos) oder entlang von Meridianen sollen Blockaden gelöst und der Energiehaushalt wieder ins Gleichgewicht gebracht werden. Bei Shiatsu steht der ganze Mensch im Zentrum und nicht nur die Krankheit und soll die Harmonisierung des Energieflusses stärken. Gelingt dies, verbessert sich das Allgemeinbefinden und die Fähigkeit zur Selbstregulation (Immunsystem) nimmt zu. Dadurch kann Shiatsu helfen, häufige Symptome von Krebs besser zu bewältigen.

5.4 Speisezugabe

5.4.1 Beifuß

Reduziert Blutungen, lindert Schmerzen. In der Küche wird Beifuß als Gewürz für fettes Essen benutzt. Da er viele Bitterstoffe enthält, kurbelt er die Fettverbrennung an und fördert die Verdauung.
3-10 g
Nicht in der Schwangerschaft verwenden.

5.4.2 Stevia (Süßkraut)

Süßstoff für Diabetiker oder für Gewichtsreduktion. Blutdrucksenkende, antimikrobielle, gefäßerweiternde Wirkung.
Achtung - mit Ihrem Arzt oder Therapeuten absprechen.
Als Süßstoff, getrocknet oder frisch
In einigen Studien wurden fruchtschädigende und mutagene Wirkungen in Hamstern und Ratten beschrieben, außerdem eine Mutagenität in vitro. In der EU als Lebensmittel nicht zugelassen. Stevia-Anhänger wittern dahinter eine Verschwörung der Zuckerlobby und Voreingenommenheit der EU-Kommission. Schließlich wird Steviosid in Asien seit Jahrzehnten als Süßstoff verwendet – bisher ohne negative Folgen.
Die der WHO vorliegenden Studien bezüglich der Auswirkungen von

Steviol in vivo haben keine Hinweise auf mutagene Wirkungen am Menschen ergeben. Nur auf eigene Gefahr.

5.5 Verschiedene Möglichkeiten

5.5.1 Curcuma Wurzel

Gut bei Schmerzen in Brust oder Abdomen, Hämatome, gynäkologische Beschwerden, Tumore.
Nicht bei Leber- oder Gallenentzündungen oder Schwangerschaft verwenden.

5.5.2 Schöllkraut

Lindert Verspannungen, Verdauungsstörungen, depressive Verstimmungen, Schmerzen, Entzündungen.
Wirkstoffe: Alkaloide (ähnlich dem Opium), Saponine, Flavonoide, Äth. Öl, Carotinoide, Fermente
Enthält Alkaloide, daher ist sie eine Giftpflanz; nur mit Absprache des Arztes einnehmen. Tumore hemmend. Nicht bei Kindern unter 12 Jahren und bei Schwangeren anwenden (Alkaloid haltig, gehört zu den Mohngewächsen).

5.5.3 Tintenpilz, Schopftintling, Spargelpilz

Entzündungshemmend, senkt Blutzucker, regt Peristaltik an.
Der Spargelpilz enthält viel Vitamin C und B3, Riboflavin und Thiamin. Der getrocknete Pilzes besteht zu 22-38% aus Eiweiß, darin enthalten 20 freie Aminosäuren. Hoher Mineral- und Spurenelementgehalt. Stark antioxidativ und entzündungswidrig wirkend. Senkt den Blutzucker. Das beruht zum Großteil auf den hohen Gehalt organisch gebundenem Vanadium. Hoher Gehalt an Lektine regt die Perisaltik an.
Sie können empfindlich mit Durchfällen reagieren, probieren Sie zuerst keine Portionen aus.

6 Grundlagen der Ernährung

Die hier beschriebenen Grundlagen der Ernährung zeigen allgemeine Empfehlungen und beziehen sich nicht auf eine spezielle Therapieform. Die Empfehlungen der Therapie haben Vorrang.

6.1 Ernährung

Die regelmäßige Einnahme von Mahlzeiten in entspannter Atmosphäre. Ein wärmendes Frühstück gilt als guter Start in den Tag.
Mittags sollte die Hauptmahlzeit stattfinden - das Abendessen am frühen Abend.

Die Beachtung von Hunger- und Sättigungsgefühlen: Nicht überessen und nicht hungern, so lautet die Regel.

Die frische Zubereitung der Speisen aus naturbelassenen, regionalen Produkten. Tiefgekühlte, hitzekonservierte, industriell vorgefertigte oder mikrowellengegarte Lebensmittel werden gemieden.

Die Auswahl von Lebensmittel nach der Jahreszeit: Im Sommer mehr kühlende Nahrung, im Winter mehr wärmende Nahrung.

Mindestens zweimal am Tag Gekochtes essen. Speisen und Getränke sollen möglichst handwarm, niemals eiskalt oder heiß sein.

Rohkost, kurz gegartes Gemüse, frisch gepresste Säfte und Mineralwasser werden üblicherweise nicht empfohlen. Milch und Milchprodukte stehen nur dann auf dem Speiseplan, wenn sie problemlos vertragen werden.

Therapeutische Rezepte nicht über einen längeren Zeitraum ohne Rücksprache mit dem Arzt oder Therapeuten einnehmen.

1. Vielseitig essen
Lebensmittelvielfalt genießen. Merkmale einer ausgewogenen Ernährung sind abwechslungsreiche Auswahl, geeignete Kombination und angemessene Menge nährstoffreicher und energiearmer Lebensmittel. (Einerseits Schutz vor Unterversorgung mit essentiellen Nährstoffen und andererseits Schutz vor einer überhöhten Zufuhr unerwünschter Inhaltsstoffe.)

2. Reichlich Getreideprodukte - und Kartoffeln
Brot, Nudeln, Reis, Getreideflocken (am besten aus Vollkorn), sowie

Kartoffeln enthalten kaum Fett, aber reichlich Vitamine, Mineralstoffe, Spurenelemente sowie Ballaststoffe und sekundäre Pflanzenstoffe. Diese Lebensmittel sollten mit möglichst fettarmen Zutaten verzehrt werden.

3. Gemüse und Obst - Nimm "5" am Tag ...

5 Portionen Gemüse und Obst am Tag, möglichst frisch, nur kurz gegart, oder auch eine Portion als Saft – idealerweise zu jeder Hauptmahlzeit und auch als Zwischenmahlzeit: Damit werden reichlich Vitamine, Mineralstoffe sowie Ballaststoffe und sekundären Pflanzenstoffe (z.B. Carotinoiden, Flavonoiden) zugeführt. Das Beste, was man für die eigene Gesundheit tun kann.

4. Täglich Milch und Milchprodukte, ein- bis zweimal in der Woche

Fisch; Fleisch, Wurstwaren sowie Eier in Maßen. Diese Lebensmittel enthalten wertvolle Nährstoffe, wie z.B. Calcium in Milch, Jod, Selen und Omega-3-Fettsäuren in Seefisch. Fleisch ist wegen des hohen Beitrags an verfügbarem Eisen und an den Vitaminen B1, B6 und B12 vorteilhaft. Mengen von 300 - 600 g Fleisch und Wurst pro Woche reichen hierfür aus. Fettarme Produkte bevorzugen, vor allem bei Fleischerzeugnissen und Milchprodukten.

5. Wenig Fett und fettreiche Lebensmittel

Fett liefert lebensnotwendige (essenzielle) Fettsäuren und fetthaltige Lebensmittel enthalten auch fettlösliche Vitamine. Fett ist besonders energiereich, daher kann zu viel Nahrungsfett Übergewicht fördern, möglicherweise auch Krebs. Zu viele gesättigte Fettsäuren fördern langfristig die Entstehung von Herz-Kreislauf-Krankheiten. Pflanzliche Öle und Fette bevorzugen (z.B. Raps-, Oliven- und Sojaöl und daraus hergestellte Streichfette). Auf unsichtbares Fett achten, das in Fleischerzeugnissen, Milchprodukten, Gebäck und Süßwaren sowie in Fast-Food- und Fertigprodukten meist enthalten ist. Insgesamt 70 - 90 Gramm Fett pro Tag reichen aus.

6. Zucker und Salz in Maßen

Nur gelegentlich Zucker und Lebensmittel, bzw. Getränke verzehren, die mit verschiedenen Zuckerarten (z.B. Glucose Sirup) hergestellt wurden. Kreativ mit Kräutern und Gewürzen und wenig Salz würzen. Jodiertes Speisesalz bevorzugen.

7. Reichlich Flüssigkeit

Wasser ist absolut lebensnotwendig. Jeden Tag rund 1-2 Liter Flüssigkeit trinken. Wasser (ohne oder mit Kohlensäure) und andere kalorienarme Getränke bevorzugen. Alkoholische Getränke sollten nicht konsumiert werden.

8. Schmackhaft und schonend zubereiten
Die jeweiligen Speisen bei möglichst niedrigen Temperaturen garen, soweit es geht kurz, mit wenig Wasser und wenig Fett - das erhält den natürlichen Geschmack, schont die Nährstoffe und verhindert die Bildung schädlicher Verbindungen.

9. Sich Zeit nehmen und das Essen genießen
Bewusstes Essen hilft, richtig zu essen. Auch das Auge isst mit. Sich beim Essen Zeit lassen. Das macht Spaß, regt an, vielseitig zuzugreifen und fördert das Sättigungsempfinden.

10. Auf das Gewicht achten und in Bewegung
Ausgewogene Ernährung, viel körperliche Bewegung und Sport (30 bis 60 Minuten pro Tag) gehören zusammen. Mit dem richtigen Körpergewicht fühlt man sich wohl und fördert die Gesundheit.

Thermik, Wirkrichtung, Verdauungskraft
Es gibt unterschiedliche Kriterien, die Wirksamkeit von Kräutern und Lebensmittel zu beurteilen. Der Einsatz der Kräuter und Zutaten basiert auf Beobachtung, was die Lebensmittel, Kräuter und Gewürze nach ihrem Verzehr im Körper bewirken. In der Medizin hat sich daraus folgendes System entwickelt: Jede Zutat oder Kraut hat eine Wirkrichtung. Außerdem gibt es noch Kräuter, die eine besondere Wirkung auf bestimmte Organe haben.

Voraussetzung für einen gesunden Stoffwechsel ist es, darauf zu achten, dass wir ausreichend Energie aus der Nahrung gewinnen und der Verdauungsprozess so wenig Energie wie möglich verbraucht. Eine bekömmliche Mahlzeit macht zufrieden und satt, verursacht keine Blähungen und keine Müdigkeit nach dem Essen. Richtiges Würzen erhöht die Bekömmlichkeit unserer Speisen. Es genügen oft schon geringe Mengen an Kräutern und Gewürzen. Sie dienen nicht dazu, uns satt zu machen, sondern helfen unseren Verdauungsorganen, die Nahrung zu verdauen.

6.2 Rezepte

Die Rezepte zeigen Ihnen welche Zutaten verwendet werden sowie mit der Kochanleitung wie diese zubereitet werden. Bei den Zutaten wird neben den Mengenangaben auch die Wichtigkeit für die Therapie angezeigt. Wenn dabei angezeigt wird "weniger als angegeben" versuchen Sie diese Empfehlung einzuhalten oder eine Alternative aus der Liste der "Empfohlenen Lebensmittel" zu finden. Meistens ist es nur eine leichte geschmackliche Änderung wenn Sie diese Zutat gänzlich weglassen.

Schonende Kochmethoden: Kochen, dämpfen, pochieren, dünsten
Scharfe Kochmethoden: Grillen, rösten, anbraten, räuchern
Ausgeglichene Kochmethoden: Frittieren, Römertopf

Auf das Einfrieren und erwärmen in der Mikrowelle sollte verzichtet werden (Denaturierung).

6.3 Lebensmittel

Lebensmittel wirken wie Heilkräuter auf Körper und Geist, nur wesentlich sanfter. Die Ernährungsberatung stützt sich hauptsächlich auf heimische Lebensmittel. Das Wissen über die Wirkungsweisen jedes einzelnen Lebensmittels und das Wissen wann welche Lebensmittel zur Anwendung kommen, entstammt der Schulmedizin. Verwende Sie möglichst Erzeugnisse aus ökologischen-biologischem Landbau.

Da wegen der besseren Verdaulichkeit grundsätzlich alles lange gekocht und kaum roh gegessen wird, ist die Verträglichkeit hervorragend.

Die Einteilung der Lebensmittel entsprechend ihrer Wirkung auf den Körper und bildet die Basis, um einen ausgewogenen und harmonischen Gesundheitszustand im Körper zu erreichen.

Grundsätzlich empfiehlt die Ernährungsberatung keine bestimmten Lebensmittel für Jedermann. Ausschlaggebend für den individuellen Speiseplan ist vor allem die persönliche Konstitution.

Kaufen Sie nur frisches und reifes Obst und Gemüse ein. Braune Stellen, welke Blätter aber auch unreifes Obst und Gemüse sollten Sie im Supermarkt zurücklassen. Greifen Sie dann zu Tiefkühlware (keine Fertiggerichte!). Tiefkühlobst und -gemüse werden kurz nach dem Ernten schockgefroren und enthalten deshalb oftmals mehr Vitamine und Mineralstoffe, als die Ware aus der Obst- und Gemüsetheke! Konserven- und Dosenware dagegen enthält wesentlich weniger Biostoffe. Zudem werden Letztere meist mit Salz, Zucker usw. angereichert. Lassen Sie die Zutaten nach dem Waschen nie im Wasser liegen, denn so gehen viele Vitalstoffe ins Wasser über! Putzen Sie Salate, Früchte und Gemüse erst unmittelbar vor Verzehr.

Beachten Sie bitte die hygienische Verarbeitung der Lebensmittel. Waschen Sie Ihre Salate, Früchte und Gemüse gründlich. Bei Gerichten mit Fleisch bereiten Sie zuerst die Zutaten vor und verarbeiten dann die

Fleischprodukte. Reinigen Sie danach die Arbeitsflächen und Werkzeuge besonders gründlich. Holzunterlagen sollten regelmäßig mit leichtem Desinfektionsmittel behandelt werden um die Keimbildung einzuschränken.

Bewahren Sie Obst und Gemüse möglichst getrennt voneinander auf. Auch geerntete Früchte und Gemüse leben und strömen z.B. Ethylengas aus, das andere Sorten schneller reifen und altern lässt. Fleisch und Fisch in der verschlossenen Verpackung lassen oder in luftdichten Boxen im Kühlschrank aufbewahren.

6.4 Kräuter

Bei der Aufbewahrung und Lagerung von Heilkräutern, müssen gewisse Grundregeln beachtet werden. Grundsätzlich müssen Heilkräuter geschützt vor direkter Sonneneinstrahlung, vor Feuchtigkeit und vor heißen Temperaturen gelagert werden.

Als Gefäße für die Lagerung von Heilkräutern können Gläser, Keramik-Behälter und zur Not auch Plastik-Dosen eingesetzt werden. Plastik ist aber ein sehr unreines Material und sollte daher wirklich nur eine kurzfristige Notlösung sein. Bei Glasbehältern ist darauf zu achten, dass dunkles Glas verwendet wird.

Heilkräuter können nicht beliebig lange aufbewahrt werden. Die Haltbarkeit von Heilkräutern ist auf jeden Fall begrenzt. Durch die Haltbarkeitsdauer kann durch sachgerechte Lagerung wesentlich erhöht werden. So soll der Lagerplatz dunkel, eher kühl und absolut trocken sein. Ein Medizinschrank aus Holz, der nicht direkt bei einer Wärmequelle platziert ist wäre ideal. Um Ihre Heilkräuter nicht wegwerfen zu müssen, kaufen Sie nicht zu große Mengen an Heilpflanzen. Beschriften Sie die Behälter mit dem Namen des Heilkrauts und dem Datum der Ernte bzw. der Verarbeitung.

7 Weitere Ernährungsvorschläge

Folgende Syndrome der Diätetik, der TCM oder als Therapieergänzung bei Krebs sind verfügbar.

DIÄTETIK
1. Ernährung des Säuglings - Beikost
2. Ernährung in der Stillzeit
3. Ernährung im Alter
4. Ernährung von Kindern und Jugendlichen
5. Ernährung von Sportlern
6. Leichte Vollkost
7. Schwangerschaft
8. Vollkost

Eiweiß und Elektrolyt – Nieren
9. (Hämo-)Dialysebehandlung
10. Akutes Nierenversagen
11. Chronische Niereninsuffizienz
12. Nephrotisches Syndrom
13. Nierensteine (Nephrolithiasis)

Gastrointestinaltrakt - Bauchspeicheldrüse
14. Akute Pankreatitis (Entzündung der Bauchspeicheldrüse)
15. Chronische Pankreatitis (Entzündung der Bauchspeicheldrüse)

Gastrointestinaltrakt - Dünndarm und Dickdarm
16. Akute Obstipation (Verstopfung)
17. Chronische Obstipation (Verstopfung)
18. Colon irritabile
19. Divertikulitis
20. Erworbene Laktoseintoleranz (Laktosemalabsorption)
21. Fruktosemalabsorption
22. Glutensensitive Enteropathie (Zöliakie)
23. Kolektomie
24. Kurzdarmsyndrom

Gastrointestinaltrakt - Leber, Gallenblase, Gallenwege
25. Akute und chronische Hepatitis (Entzündung der Leber)
26. Cholelithiasis (Gallensteine)
27. Fettleber
28. Leberzirrhose

Gastrointestinaltrakt - Magen und Zwölffingerdarm
29. Akute Gastritis
30. Chronische Gastritis
31. Magenblutung
32. Ulcus ventriculi und Ulcus duodeni
33. Zustand nach Magenoperation

Gastrointestinaltrakt - Mundhöhle und Speiseröhre
34. Mundschleimhautentzündung
35. Ösophaguskarzinom (Speiseröhrenkrebs)
36. Reflüxösophagitis (Sodbrennen)

spezielle Krankheiten
37. Phenylketonurie (PKU)
38. Rheumatische Gelenkserkrankungen

Stoffwechsel
39. Adipositas (Übergewicht)
40. Diabetes mellitus
41. Essstörungen (Untergewicht)
Fettstoffwechsel
42. Hypercholesterinämie (erhöhter Cholesterinspiegel)
43. Hepatische Enzephalopathie
Herz- und Kreislauf
44. Arteriosklerose (Arterienverkalkung)
45. Herzinsuffizienz
46. Hypertonie (Bluthochdruck)
47. Hyperurikämie und Gicht
veränderter Nährstoffbedarf
48. bei Fieber
49. bei malignen Erkrankungen
50. nach Verbrennungen
51. Strahlen- und Chemotherapie

KREBS
100. Bauchspeicheldrüse
101. Blasenkrebs
102. Blutkrebs (Leukämie)
103. Brustkrebs
104. Darmkrebs
105. Magenkrebs
106. Nierenkrebs
107. Speiseröhrenkrebs

TCM
200. Blase - Feuchte Hitze in der Blase
201. Blase - Feuchtigkeit und Kälte in der Blase
202. Blase - Leere und Kälte in der Blase
203. Dickdarm - äussere Kälte befällt den Dickdarm
204. Dickdarm - Feuchte Hitze im Dickdarm
205. Dickdarm - Hitze blockiert den Dickdarm II akut
206. Dickdarm - Trockenheit des Dickdarms
207. Dickdarm - Yang Mangel (Kälte)
208. Herz - Blut Mangel
209. Herz - Blut Stagnation
210. Herz - Feuer
211. Herz - Heisser Schleim verstopft die Herzporen
212. Herz - Kalter Schleim verstopft die Herzporen
213. Herz - Qi Mangel
214. Herz - Yang Mangel
215. Herz - Yin Mangel
216. Leber - aufsteigender Leber-Yang
217. Leber - Blut-Mangel
218. Leber - Blut-Stagnation
219. Leber - feuchte Hitze in Leber und Gallenblase
220. Leber - Feuer
221. Leber - Gallenblase Qi-Leere
222. Leber - Kälte im Lebermeridian
223. Leber - Qi-Stagnation

224. Leber - Wind
225. Leber - Wind mit aufsteigendem Leber Yang
226. Leber - Wind mit Blutleere
227. Leber - Wind mit extremer Hitze
228. Lunge - Qi Mangel
229. Lunge - Schleim-Feuchtigkeit in der Lunge
230. Lunge - Schleim-Hitze in der Lunge
231. Lunge - Schleim-Kälte in der Lunge
232. Lunge - Trockenheit der Lunge
233. Lunge - Wind-Hitze befällt die Lunge
234. Lunge - Wind-Kälte befällt die Lunge
235. Lunge - Yin Mangel
236. Magen - Blutstagnation
237. Magen - Feuer
238. Magen - Magenkälte mit Flüssigkeit
239. Magen - Nahrungsstagnation
240. Magen - Qi Mangel
241. Magen - rebellierendes Magen Qi
242. Magen - Yin Leere
243. Milz - Hitze und Feuchtigkeit befällt die Milz
244. Milz - Kälte und Feuchtigkeit befällt die Milz
245. Milz - Qi Mangel
246. Milz - Qi Mangel + Absinkendes MilzQi
247. Milz - Qi Mangel + Milz kontrolliert das Blut nicht
248. Milz - Yang Mangel
249. Niere - Herz und Niere kommunizieren nicht mehr
250. Niere - Jing Mangel
251. Niere - Nieren können das Qi nicht empfangen
252. Niere - Qi ist nicht fest
253. Niere - Yang Mangel
254. Niere - Yin Mangel